다정함이
인격이다

임상심리전문가
김선희가 전하는
다정함의
심리학

다정함이
인격이다

김선희 지음

🌱 나무생각

들어가며

인간답게 그리고 나답게 살아간다는 것에 대해 생각해 본다. 그 생각의 끄트머리에서 난 늘 겸허한 진실을 만난다.

"타인이 필요하다."

이 진실은 이 책을 쓰는 긴 시간을 통과하며 더 명료해졌다.

인간답게 살아간다는 것은 타인과 함께 조화를 이루며 살아감을 전제로 한다. '너와 나'로 시작하여 어느덧 '우리'가 되고 '모두'가 만나 공동체를 이룬다. 인간다운 삶은 그 안에서 함께 어우러져 살아가며 실현되는 역사적 성취다.

나답게 살아간다는 것은 참자기로 살아간다는 것이다. 나의 고유성과 자발성, 진면목이 발현되기 위해선 자신을 정확히 알아가는 과정, 자신의 모습을 있는 그대로 받아들이는 과정이 필요한데, 이 과업은 타인과의 끊임없는 상호작용을 통해서만 성취

될 수 있다. 타인이 필요하다.

타인과의 관계는 필연적으로 상처를 동반한다. 아픔은 불가피하다. 그러나 그걸로 끝이 아니다. 사랑이 그 상처와 아픔을 능히 녹여낸다. 이때 상처와 아픔을 녹이는 사랑의 온도는 '다정함'이다.

상처, 갈등과 고뇌, 불완전함과 미숙함에도 불구하고 서로를 바라보며 따스하게 손잡을 때, 서로의 상처를 돌보고 상대의 아픔을 헤아릴 때 너와 나는 마음과 마음으로 만난다. 인격과 인격의 만남이다. 연약한 너와 나지만, 타인일 뿐이지만 믿음 위에서 단단히 연결되어 서로를 헌신적으로 돌볼 때 인간은 상처를 넘어 재생한다. 아픔을 딛고 성장한다. 사랑을 통해 재생하고 성장함으로써 우리는 '인격'이라는 최상의 상태에 조금이나마 가닿을 수 있다. 기실 다정함이 필요하다.

이 책은 다정한 관계의 가치, 타인의 소중함, 애정 어린 타인과 함께 진정한 나다움을 이뤄 나가는 우리의 여정에 대한 글이다. 인생의 기본 값인 고통, 위기, 고난, 역경에 대한 이야기이기도 하다. 거친 외풍에도 불구하고 인간이 다정할 수 있는 이유, 사랑으로 깊이 연결된 연합군이 인생의 험난함을 함께 뚫고 나갈 때 목도되는 위대한 서사와 희망찬 성장을 이야기한 책이다.

내 곁의 대상, 즉 의미 있는 타인의 사랑과 도움 없이는 나다움을 깨닫지도, 획득할 수도 없다는 역설은 '관계 없이는 나도 없다.'는 절대 명제를 고스란히 증거한다. 내 곁의 타인에게 나 또한 상대가 나다움을 이룰 수 있게 견인해 주는 타인이다. 타인인 너와 내가 연결되어 다정히 상부상조할 때 너와 나의 인격은 그 모습을 고귀하게 드러낸다. 인격의 성취인 것이다.

이 책을 읽는 모든 이들을 뜨겁게 응원한다. 멀고 험난한 성장의 길 위에서 만난 수많은 내담자에게 감사드린다. 그들이 보여준 삶의 진실과 회복의 성취를 기억한다. 그 기억이 이 책의 행간과 자간에 살아 숨 쉬고 있다. 성장을 향한 우리의 여행은 강인했고 궁극에 인간다웠다.

남편의 헌신에 감사한다. 엄마로 살아가는 기쁨과 벅참을 알게해준 딸의 빛나는 생명력은 내게 감동을 안겨준다. 그들을 깊이 사랑한다. 나의 어제이자 오늘이며 미지의 내일마저 믿을 수 있게 해주신 부모님 그리고 가족들에게도 감사와 사랑을 전한다. 오늘의 내가 있을 수 있는 건 모두 그들 덕분이다. 그들은 고군분투 속에서도 먼저 사랑을 건네고 실천한 사람들이다.

인생을 기쁘게
김선희

차례

1

마음이 깨진
당신에게

마음이 깨졌을 때는 아무것도 하지 마라.
가만히 그냥 있어도 된다.
깨진 마음 추스르는 시간이 필요하다.
무너진 환경, 깨진 마음을 복구하기 위해
서둘러 무엇인가 해야 한다는 강박을 보류하자.
'마음이 깨진 나'에게 고요한 시간을 허락하자.

왜 그 사람은
말을 함부로 할까

말은 정보와 의사를 전달할 뿐만 아니라 감정과 태도를 표현하는 수단이다. 사람이 사람을 대하는 방식이 고스란히 드러나는 지표다. 상대를 대하는 방식은 한 개인의 실제 경험, 사고방식, 정서, 가치관, 세계관과 관련되어 있다. 그 사람의 오래된 아픔, 잃어버린 목소리와도 관련이 깊다. 말은 그렇게 마음의 표현인 것이다. 말을 통해 우리는 한 개인의 내면과 됨됨이를 유추하고 이해할 수 있다.

말이 무기가 될 때

부부 상담을 받고자 내담하는 많은 이들이 **말**에 대해 이야기한다. "남편의 거친 말로 인해 오랫동안 상처를 받아왔다.", "아내가 거침없이 막말을 한다.", "서슴없이 모욕적 언사를 쏟아낸다.", "내게 비수를 꽂는다.", "날카로운 말로 내 마음을 후벼 판다.", "내 말은 무조건 자르고 윽박지른다.", "욱하며 욕설을 내뱉는다."라고 호소한다. 장기간 말로 난도질당했다며 아파한다. 이 모두는 **언어적 학대**에 해당한다. 그들은 어떤 연유로 언어를 무기 삼아 학대자가 되었고 또 피해자가 되었을까?

사연을 가만 들어보면, 관계를 표현해 내고 마음을 드러내는 언어 본연의 순기능을 파괴한 사람들 그리고 마음을 파괴당한 이들의 이야기다. **상대를 대하는 방식**이 역기능적으로 망가진 이들이 관계 속에서 빚어내는 뼈아픈 이야기인 것이다.

그런데 정작 그들은 자신의 말과 행위가 언어적 학대인지 알지 못한다. 화가 나서 그런 거라며 가벼이 넘기려 한다. 상대의 고통에 공감하지 못한다. 심각성을 알지 못하는 것이다. 말로 상대방에게 반복적인 아픔을 주는 행위는 지극히 병적인 것이다. 언어적 학대는 심리적·정신적 학대의 한 유형으로, 폭력에 해당한다. 더군다나 애정의 토대 위에 세워진 부부 관계, 가족 관계에서라면 더욱 심각하다. 신체적·물리적 폭력뿐만 아니라 언어적 학대도 폭력이며 그 위해는 명명백백하다. 한 인간의 신체적·심리적 건강을 무너뜨리고 영혼을 황폐화시킨다.

말의 안과 겉

말의 본산은 마음이다. 입과 입술의 뿌리는 마음에 있다. 마음을 정비하지 않으면 말, 말투, 어법은 변할 수 없다. 많이 배웠다고, 지식이 많다고, 대화법 책을 통달했다고 말을 잘하거나 다정하게 하는 것이 아니다. 말은 기술skill을 넘어서는 인간의 존재 방식이다. 한 개인의 안이 낱낱이 겉으로 드러나는 방식이다.

영화 〈님아, 그 강을 건너지 마오〉에서 주인공 부부가 서로에게 쓰는 말은 사랑과 돌봄, 다정함으로 충만하다. 서로를 얼마나 귀하게 여기는지 금방 알 수 있는 말, 쉬운 말을 사용한다. 그들이 많이 배워서, 어디에선가 대화법을 배워서일까? 부부 안에 있는 사랑과 상대에 대한 존중, 아끼는 마음이 겉으로 드러나는 것이고 그것이 말로 표현되는 것이다. 주인공 부부의 마음속에 넘쳐나는 것은 부부애와 인간애다.

우리가 원하는 것은 마음과 마음의 연결이다. 내가 너를 대하는 방식, 네가 나를 바라보는 마음, 우리는 그 방식과 마음이 정감 있고 다정하길 원한다. 너와 내가 만나고 접촉할 때 느끼는 안심, 깊은 유대감이 필요하다. 그것이 말에 담겨져 나오길 부디 소망한다. **말보다 마음이 먼저다.**

어루만짐을 받지 못한 사람들

막말을 일삼는 사람, 가까운 사람이나 소중한 이에게 언어적 학대를 자행하는 사람은 왜 그러는 것일까? 어루만짐을 받지 못해서다. 훈련을 받지 못한 사람들이다. 성장기 동안 우리는 부모로부터 사랑과 훈련love and discipline을 받는다. 사랑만으로도 안 되고 훈련만으로도 안 된다. 보통의 건강한 아동기, 청소년기를 영위하기 위해서는 사랑도 필요하고 사랑을 전제로 한 일관된 돌봄과 훈련도 필요하다. 사랑이 전제된 훈련은 어루만짐으로 작용한다. 어루만짐 없이 성장할 수 있는 존재가 있을까? 사랑이 전제된 돌봄과 훈련을 경험한 아이는 애정 어린 학습과 격려를 통해 사회적으로 바람직한 어른이 될 수 있는 토대를 갖춘다. 나만의 독특한 개성이 발휘되는 동시에 사회적 통념과 상식도 습득하게 된다. 독립적인 '나'로서도 자라지만 공동체 속 '나'로서도 성장한다. **타인 없이는 나도 없다는 걸 배우게 된다.**

인간에게 공격성, 충동성, 이기심 그리고 미움과 증오의 감정은 타고난 것이다. 그러나 우리가 살아가는 사회는 이를 그대로 발산해도 되는 약육강식의 사회가 아니라 이타심을 가지고 헌신, 희생, 상호 존중을 주고받으며 공존하는 사회다. 건강한 사회 구성원으로 살아가기 위해서는 우리의 타고난 기질 중 상당 부분을 스스로 알아챌 수 있어야 하며 이 깨달음을 토대로 나 자신을 다듬어야만 한다. 이러한 시도와 노력이 궁극에 사회적 언어, 품위 있는 말로 표현된다. 결코 저절로 되지 않는다. 아이일 때, 청소년일 때 내 공격성과 충동성, 이기심, 미숙함은 타인의 사랑과 훈련을 통해 어루만져지고 다듬어지면서 마음의 일부로 통합된다. 잘 통합된 이 마음이 곧 인격의 근간을 이룬다.

타인의 사랑과 훈련 중에서 부모의 사랑과 훈련이 가장 중요하다는 건 모든 심리학자가 동의하는 바다. 아이는 본능과 충동이 이끄는 대로 행동하기 전에 주변 어른의 도움을 받아 상황에 맞게 행동을 조절하고, 나아가 이를 말로 표현하는 법도 배운다. 인내할 줄 알게 되고 조화와 융화를 익히면서 사회적 존재가 되어간다. 사회적 존재, 그 중심에 언어가 있는 것이다.

이런 훈련이 부족했던 아이들이 여러 복합적인 경로를 거치면서 막말하는 어른이 되고, 자기 주변의 소중한 이에게 언어적 학대를 행하는 이로 살아간다. 물론 기계적인 인과관계를 상정하는 것은 위험하다. 하지만 우리의 인생을 수십만 개의 퍼즐 조각이 맞춰지는 거대한 그림으로 볼 때, 인간이 어느 날 갑자기, 특별히 누구 한 사람 때문에 '막말러'로 돌변하는 건 아니라는 것이다. 막말러 뒤에는 **길고 긴 배경**이 확연히, 또는 은밀히 깔려 있다.

훈련이 결핍된 채 사랑만 과잉으로 받고 자란 아이들도 막말을 일삼곤 한다. 과잉 사랑으로 인해 천상천하 유아독존으로 자란 아이는 자신의 본능과 감정, 욕구를 다스릴 필요가 없다. 말을 부드럽게 다듬을 필요가 없다. 사회적 언어를 습득하지 못한다. 언어 순화 자체를 생각하지 못한다. "너는 특별해. 항상 옳고 완벽해."라고, "너에게 실패란 없어.", "넌 잘못 없어. 다 쟤가 잘못한 거야."라고 주입하며 세뇌시키는 부모만 굳건히 존재할 뿐이다.

자신을 되돌아보며 성찰하거나 상처받은 타인의 심정을 헤아리는 배려의 마음이 형성될 기회는 그렇게 박탈된다. 자기중심성으로 똘똘 뭉친 어른, 비대한 권리감을 지닌 어른이 되어버린다. 자기 자신이 법이기에 타인에게 아무 말이나 할 수 있다 여긴다. 자신이 말을 함부로 했더라도 전적으로 상대가 문제이고 상대가 나를 자극했기 때문이라 여긴다. 내 심기를 거스른 상대의 잘못이라는 데 의심의 여지가 없다. 그들에게서 폭력적인 말과 독선적 언사가 튀어나오는 건 자연스럽다. 경우에 따라 막말이 매우 세련되고 지능적인 방식을 취할 때도 있다. 수동공격적 방식으로 상대방이 먼저 화를 내게끔 은근히 자극하는 사람도 드물지 않다.

으깨진 마음

훈련과 징벌도 구분할 필요가 있다. 사랑이 전제된 훈련과 징벌은 다른 것이다. 무분별한 징벌은 분명 지양되어야 한다. 사랑이 전제된 훈련과 교육을 충분히 반복하는 것이 중요하다. **기다림과 인내**가 사랑인 이유다. 섣불리 엄한 처벌을 행하는 것은 아이의 생명력과 도전정신, 탐험 욕구, 모험심을 죽이는 일이다. 세상을 두려운 곳, 나를 벌하는 곳으로 인식할 가능성만 높아진다.

사랑이 전제된 훈련이 아니라 처벌을 지배적으로 가혹하게 받은 아이는 '으깬 감자'처럼 짓눌리고 어그러진 채 세상을 살아간다. 평상시에도 눈치만 보게 된다. 생기가 없다. 세상살이에 필요한 밀고 나가는 힘, 도전정신의 싹이 잘려 나갔기 때문이다.

다정한 마음으로 다정히 말할 것

거친 말, 무례한 말, 상대를 찌르는 날카로운 말을 내뱉으며 언어적 학대를 자행하는 사람, 즉 함부로 말하는 사람이 교정될 수 있을까? 그들이 '안전의 자원resources of security'을 획득할 수 있게 돕는, 의미 있는 타인과의 만남을 통해 이는 가능하다. **모든 변화와 성장, 치유는 타인이라는 거울을 통해 이뤄진다.** 3~5년 정도 안정적인 타인과의 관계 안에서 일관된 사랑과 온정을 체험하고 돌봄 어린 훈련과 상호작용을 경험하면 그들도 일정 부분 호전되기 시작한다.

마음이 새로이 경작되어 옥토로 변하면 깊은 유대감과 더불어 '다정한 말'이라는 열매를 수확할 가능성이 생겨난다. 당사자의 굳건한 의지와 동기, 희망, 믿음이 전제되어야 함은 물론이다. 스스로 심리적 재탄생, 다가올 건강한 시절을 소망할 때 비로소 성취할 수 있다. 안과 겉이 흡사한 인간, 다정한 마음으로 다정히 말하는 인간, 그런 인간과 인간이 다정한 세계를 만든다. 당신도 만들 수 있다.

"나는 나의 모든 몸짓으로 세계를 붙잡고 있으며
나의 모든 연민과 감사를 통해서 인간들을 붙잡고 있다."
― 알베르 카뮈, 《안과 겉》

지치고 피로한 나를
먼저 살필 것

기실 피로 사회다. 우리 중에 피로하지 않은 사람을 본 적이 있는가? 급변하는 현대사회를 살아가는 우리에게 꼭 필요한 능력 중 하나가 피로감을 인지하여 해소하고 처리하는 능력이다. 피로 관리력이 필요한 것이다. 일과 사랑, 현재와 미래, 몸과 마음, 유무형의 자산, 내면과 외부 환경, 이 모두를 꾸려가기 위해선 하루하루 내 피로를 돌보는 자세가 뒷받침되어야 한다. 다른 대단한 능력보다 하루하루 피로를 관리하고 처리하는 능력이 더 중요한 핵심일지 모른다. **피로 관리력이 바로 슈퍼 파워다.** 꿋꿋하고 의연한 성인으로 자립하기 위해서는 피로 관리력이 필수다.

과부하에 걸린 사람들

심리적으로 건강한 사람은 자신이 '지쳐 있다'는 걸 명민하게 감지한다. 자신의 몸과 마음의 에너지 수준, 가동 상태, 남은 에너지를 아는 것이다. 집에서든 직장에서든, 직업이 있든 없든 우리 일상은 외력과 내력이 싸우는 순간과 순간으로 이루어져 있다. 우리에게는 외부의 요구 사항이 있고 내면의 욕구가 있다. 외부의 요구 사항을 인지하고 대응하는 동시에 내면의 욕구와 소망에도 관심을 기울이고 보살펴야 한다. 외부의 요구에만 부응하느라 내면의 욕구를 무시하면 결국 탈진이 오고 일상과 심신의 건강은 어떤 식으로든 망가진다. 심리학에서는 이를 '부적응'이라고 한다. 우리 모두는 하루하루 적응과 부적응의 기로에 서 있다. **성공보다 적응이다. 적응이 더 중요하다.**

하지만 에너지 만능 시대여서일까, 우리는 자신이 지쳐 있다는 걸 감지하는 데 둔감하다. 상승하기 위해, 최고를 거머쥐기 위해 에너지를 가동하고 또 가동한다. 마치 무한의 에너지를 가지고 있는 양 살아간다. 외견상 안정되고 침착해 보이지만 알고 보면 고도의 만성 긴장 상태에 놓여 있는 사람들이 많다. 팽팽한 고무줄 그 자체다. 늘 달릴 준비가 되어 있다. 거머쥐어야 하고, 성취해야 하고, 경쟁에서 이겨야 하기에 내가 나를 몰아붙인다. 압박감과 한 몸이 되어 가혹할 정도로 자신을 채찍질한다. 기실 일중독자가 현대사회에 넘쳐난다.

직장인들만 일중독이 아니다. 자녀를 양육하고 교육하는 부모 중에도 일중독자가 넘친다. 완벽하게 빈틈없이 자녀를 밀어붙이는 부모, 자녀의 성공과 성취를 위해 불나방이 된 부모를 우리는 흔히 볼 수 있다. 부모의 헌신과 열정이라 해서 다 괜찮은 건 아니다. 과열 상태로 자녀의 삶에 침입함으로써 주객전도가 일어날 수 있다. 자녀 삶의 주인공은 누가 뭐라 해도 자녀다. 자녀가 아동, 청소년이라 해도 마찬가지다. 부모의 넘치는 에너지와 열정보다 자녀의 피로도를, 그들이 얼마나 지쳐 있는지를, 얼마나 과잉으로 가동되고 있는지를 부모가 민감히 감지하고 앞서서 관리해 줘야 한다.

짜증 다반사

맹렬하게 살아가느라 피로감을 무시하면 외면당한 그 피로감은 다른 모습으로 둔갑해 출현한다. 대표적인 것이 짜증이다. 짜증은 공개적인 곳에서는 감춰지다가 집에 와서만 드러날 수 있고, 회사에서 감춰지다 애인 앞에서 발현되기도 한다. 학교에서 온순한 모범생으로 지내다 집에 와서 밤새 짜증을 쏟아내는 경우도 있다. 일상생활에서 감춰지다가 온라인 악성 댓글로 드러나기도 한다. 불평불만, 한숨, 게으름, 과민함 등 다양한 증상도 부추긴다. 때와 장소를 가리지 않고 짜증이 표출되는 경우도 허다하다. 결국에는 주변인들에게 상처를 주는 일이 발생한다. 모든 관계에 있어서 갈등의 씨앗이 된다.

한 개인이 짜증을 내는 데에는 나름의 이유와 배경이 있기 마련이다. 허무맹랑하지는 않다. 그럼에도 짜증이 난다면 우선 내 컨디션을 점검하는 게 현명하다. 일이 잘 돌아가지 않을 때, 대인간 마찰이 반복될 때, 누군가를 들이받고 싶을 때, 호흡을 가다듬고 멈추자. 외부를 탓하기보다 '내가 지친 것이다.', '나의 상태가 달라진 것이다.', '내가 지금 컨디션이 좋지 않은 것이다.', '내 누적 피로감이 쌓일 대로 쌓여 선을 넘은 것이다.'의 가능성을 열어두자. 나를 재정비하는 것이 지혜롭다.

지쳤을 때 멈추는 것은 시간 낭비가 아니다

자신의 피로감을 명민하게 감지하는 사람은 일이 돌아가지 않아 과민해질 때 짜증을 낸다든지 상황이나 타인을 탓한다든지 혹은 자신의 무능력을 자책하거나 조급증을 부리는 식의 감정적, 소모적 대응을 하지 않는다. 멈춰 서서 심호흡하며 '초점'을 조정한다. 한 걸음 뒤로 물러나 혹여 '내가 지친 것은 아닐까?', '내가 피로해서 이러는 것은 아닐까?'의 가능성을 타진하며 자신을 봐준다. 그렇게 쉼표를 찍는다. 이들은 무언가를 시작할 때도 현실적인 내 에너지 레벨과 집중력 상태를 기준으로 삼는다. 진정한 효율이다.

그러나 경쟁적이고 전투적인 사람은 경쟁자, 타인 또는 슈퍼맨이 기준이다. '저 사람은 안 쉬는데 내가 쉰다고? 내가 더 앞서야지.' 비교하는 마음이 솟아오르며 무리하게 밀고 나가는 이들이 우리 주변에 많다. 이게 바로 내 삶의 주도권을 타인에게 넘긴 자의 모습이다. 만성피로에 시달리는 사람의 내면에는 끊임없는 **비교하기 프레임**, 경쟁심과 열등감이 자리하고 있다. 이럴 때 번

아웃이 온다.

장기적 시선을 가지고 살아가는 사람, 자신을 진정으로 아끼는 사람은 자신과 타인을 비교하지 않는다. 인간인지라 어쩔 수 없이 비교하는 마음이 생기지만, 그런 마음이 솟아날 때 스스로 현명하게 다스릴 줄 안다. 어깨에 힘을 뺀다. 심신의 상태를 정성스레 돌본다. 휘몰아치듯 급변하는 오늘날을 살아가는 우리는 그 무엇보다 '내가 지쳐 있다'는 것에 민감할 필요가 있다.

살아갈수록 중요한 것은 에너지 보존

나이가 들면서 우리가 직시하고 받아들여야 하는 진실은 나의 에너지 레벨이 하락하는 것은 불가피하다는 것이다. 예전에 비해 나날이 떨어지는 심신의 에너지 레벨을 객관적으로 바라보고 편안히 받아들이는 것이 중요하다. 이는 인간 모두에게 적용되는 공평한 섭리다. 노화에 따라 에너지 레벨이 하락함을 받아들이는 것은 다가올 중년기와 노년기의 탁월한 적응을 위해 꼭 필요한 자세다. 하지만 많은 이들이 노화를 두려워하고 에너지 레벨이 저하되는 것을 부정한다. '포에버 영'을 외치며 20대처럼 살아간다. 나이가 들었는데도 이렇게 살아가면 이들에게 다가오는 건 실수와 사건·사고밖에 없다. 실제로 몸을 다치는 일이 많고 회복에도 긴 시간이 걸린다.

나이가 들어감에 따라 에너지 수준의 하락을 명민하게 감지하며 라이프스타일과 행동반경을 조정하는 것은 지혜로운 적응 행동이다. 행동반경과 대인 관계 폭을 현실적으로 줄이는 대신 핵심적 활동(걷기, 운동, 식이요법, 내면 가꾸기, 취미와 레저 활동, 소중한 인간관계 돌보기 등)과 일상의 휴식에 좀 더 집중하는 지혜가 필요하다. 인생을 평안하고 탁월하게 영위하기 위해서는 어떻게 내 에너지를 잘 보존하며 생활할 수 있을지 현실적으로 생각하는 자세가 필요하다. 내 한계를 아는 사람은 현명하다.

중요한 것은 끝없이 솟아오르는 에너지가 아니고 **에너지 보존**이다. 의외로 주변인들은 잘못이 없다. 내가 지친 것은 아닌지 돌아보자.

마음이
깨졌을 때

마음이 깨졌을 때는 아무것도 하지 마라.
가만히 그냥 있어도 된다.
깨진 마음을 추스르는 시간이 필요하다.

무너진 환경, 부서진 현실, 망가진 대인 관계, 깨진 내 마음을
복구하기 위해 서둘러 무엇이라도 해야 한다는 강박을 보류하라.
회복 강박, 보상 강박은 마음이 깨졌을 때 일어나는 자연스러운
충동이지만 지금은 그때가 아니라는 걸 받아들일 필요가 있다.
때를 분별하는 지혜가 중요하다.

무엇보다 마음이 깨졌을 때는 '마음이 깨진 나'에게 고요한 시
간을 허락하는 것이 자신을 아끼는 태도란 걸 기억하자. 내가 처

한 상황, 시기에 따라 '나를 아끼는 방법'이 달라져야 한다. 그게 심리적 유연함이자 창조적인 자기 사랑법이다.

시기를 분별할 필요가 있다는 것을 기억하자. 나아가야 할 때와 멈춰 서야 할 때를 구분하는 마음, 숙고해야 할 때와 결단해야 할 때를 변별하는 마음, 내 마음을 들여다보아야 할 때와 세상을 둘러보아야 할 때를 알아차리는 그 마음. 힘겹지만 인내하며 마음속 분별을 키울 때 그 마음은 새 힘을 얻는다. 궁극에 회복과 성장이 찾아온다.

마음이 깨졌을 때는 아무것도 하지 마라.
그래도 괜찮다.

행복을
추앙하지 말 것

제자 Y가 찾아왔다. Y의 눈은 오늘도 반짝인다. Y는 내게 질문하는 걸 좋아한다. 내 이야기를 경청하며 미소를 짓는다. 나도 Y와 나누는 대화가 즐겁다. 오랜 세월, 우리의 대화는 정겨웠고 다정했다. 햇살도 우리의 이야기가 궁금한지 벌써 한 자리를 차지하고 앉았다.

Y 선생님, 세상을 둘러보면 행복한 사람들이 많은 것 같아요. 행복한 친구, 행복한 커플, 행복한 가족, 잘나가는 행복한 직장인. 어떤 때는 저만 빼놓고 전부 다 행복한 거 같다는 말도 안 되는 생각까지 들어요. 저도 다른 사람들처럼 행복해지고 싶어요. 제가 지금껏 열심히 살아온 것도 행복해지기 위해서거든요. 음, 제가 바라본 부모님은 전혀 행복하지 않으셨어요. 가정적으로도,

사회적으로도요. 부모님을 보며 저는 다짐했죠. 맹렬히 살아서 꼭 행복한 삶을 쟁취하겠다. 솔직히 말하자면 제가 남들 눈에 행복해 보였으면 좋겠어요. 진짜로 성공도 하고 싶고요. 열심히 살면 행복해지겠죠? 꾸준히 노력하면 제가 원하는 행복을 얻을 수 있을까요?

김 얻을 수 있을 거예요. 그런데 그전에 꼭 짚어봐야 할 부분이 있어요. 각자 정의 내린 행복, 내가 생각하고 있는 그 행복이 진정한 행복인지 **분별**하는 것이 중요해요. 이 분별이 선행되어야 해요. 그 행복이 내가 많은 것을 쏟아부어 추구할 만한 가치가 있는 행복인지 말이죠. 확실한 건 이 세상에 완벽한 행복도, 절대적 행복도, 영원한 행복도 없다는 것입니다. 그렇다고 행복을 추구하는 것이 무의미하단 말은 아니에요. 내담자들에게 제가 '상담을 통해 얻고 싶은 것이 무엇인지' 물어보면 대다수가 첫마디에 행복해지고 싶다 말해요. 그만큼 행복은 모든 인간이 누리다 못해 거머쥐고 싶어 하는 상태이죠.

음, 그래서 전 생각해 봅니다. 행복해진다는 게 뭘까? 행복은 잡을 수 있는 것일까? 인간에게 행복이 최고의 가치일까? 행복을 향해 달리기 전에 기억해야 할 것은 행복의 '실체'를 정확히 파악해야 한다는 겁니다. 더불어 행복을 성취하기 위한 현실 방안을 나의 삶에 맞게 스스로 '구체화'시킬 수 있어야 한다는 거죠. 뜬구름 말고요. 이 두 가지가 중요합니다.

저는 행복을 얻기 위해선 행복에 집중하거나 행복에 대해 생각하기보다는 **인간의 마음에 대해 탐구하는 자세**가 더 유용하다고 봅니다. 인간 그 자체에 대해 배우려는 호기심, 인간 내면이 지니는 속성을 탐구하는 시도가 행복을 정확히 정의하고 그것을 성취할 수 있는 왕도라 생각해요. **행복에 대한 분별력**을 키워줍니다.

Y 아, 중요한 말씀입니다. 선생님께서는 수많은 사람을 만나 상담하면서 정말 다양한 인생 이야기를 들으셨을 텐데요, 결국 행복과 불행에 대한 이야기가 아닐까 하는 생각도 들고 그 폭과 깊이가 상당할 거 같습니다. 내담자들이 들려주는 이야기는 실제 이야기잖아요. 만들어낸 이야기가 아니라 진짜 삶이요. 현재진행형의 이야기잖아요. 많은 사람을 상담하면서 인간에 대해, 행복을 추구하고 갈망하는 인간에 대해 무엇을 느끼셨나요?

김 모든 인간은 생각보다 훨씬 더 불행하다는 겁니다. 모든 인간은 고군분투하는 존재라는 걸 오랜 시간에 걸쳐 목격하고 있어요. 그래서 저는 인간 존재에 대한 연민이 있어요. 그 어디에도 완벽하게 성숙한 사람은 없다는 것도 깨달았고요. 인간은 생각보다 미숙하고 불찰을 반복하는 존재입니다. 인간의 마음 안에는 고칠 수 없는 원형적 장애가 있어요. 누구에게나 있죠. 그것을 민첩하게 깨닫는 게 중요하고요. 적어도 알고는 있어야 하지 않겠나 생각합니다.

저는 내담자들이 들려주는 속이야기를 들으며 겉으로 보이는 건 아무것도 아님을, 아무것도 설명해 줄 수 없고 아무것도 예측해 주지 않는다는 걸 배웠어요. 외적인 아름다움, 사회적 성공, 빛나는 갈채와 사랑, 인기, 넘치는 돈… 우리는 외면, 즉 겉으로 보이는 것에 정도 이상으로 가치를 두고 있지요. 그것이 미래에 행복을 가져다줄 거라고 착각하곤 해요. 하지만 겉으로 보이는 것은 그저 그걸로 끝이랍니다. 그 이상도 이하도 아니에요. **우리가 소중히 다루고 가꿔야 하는 것은 내 마음속 이야기, 내 목소리 그리고 내 슬픔이지요. 그게 곧 '나다움'입니다.** 내가 나다울 때 비로소 인간은 참되고 자유롭게 살아갈 수 있는 것이지요. 나다운 행복, 온전한 행복에 다가갈 수 있습니다.

Y   선생님이 생각하시는 온전한 행복은 어떤 모습인가요?

김   진짜 행복은 조용해요. 잔잔하고 평화롭고 온화함을 풍겨요. 행복은 결코 번쩍이거나 화려하지 않습니다. 그리고 더 이상 뭔가를 바라지 않는 상태이기도 하지요. 이미 남음이 있다, 이미 넘친다, 이미 주어졌다는 걸 깨달을 수만 있다면 그게 곧 축복 아닐까 해요. 그런 사람이 풍기는 향기는 행복감이 아니라 **안정감**입니다. 그래서 저는 행복이라는 어휘보다 안정감이라는 어휘를 선호해요. 안정감을 획득하고 담대하게 삶의 외풍에 맞서는 사람만이 진정한 행복에 가닿을 수 있다고 생각해요.

Y 외풍이라고 하면, 위기나 고난을 말씀하시는 건가요?

김 맞습니다. **우리 모두는 외풍을 맞아요.** 외풍을 맞지 않는 삶은 죽은 삶입니다. 외풍은 삶의 본질이기도 합니다. 부디 치명적인 외풍만은 불지 않길 겸허히 바랄 뿐이죠. 외풍을 잘 견디고 버텨내며 성실히 최선을 다해 살아도 기대했던 순간에 원했던 행복감이 찾아오지 않아 당황스러울지도 몰라요. 성취의 순간에 행복감이 아니라 오히려 누적된 스트레스가 터지면서 탈진감에 압도될 수도 있지요. 많은 사람이 성공의 순간에 오히려 공허함과 외로움을 호소합니다. 외풍에 맞서는 일은 이처럼 단순하지도, 쉽지도 않습니다. 삶은 늘 인간의 사고 범위, 예측 범위를 넘어섭니다.

우리가 살아 있는 한 상실이 지속될 것이고, 좌절과 위기가 닥칠 것이고, 지금보다 더 많은 눈물을 흘리게 될지도 몰라요. 슬픔 속에 갇히는 날들도 많을 거예요. 하지만 그 위기 앞에서 도망가지 않고 맞서 씨름하면서 시간과 정성을 들여 배움의 자세로 나아간다면 우리는 이내 커다란 학습을 하게 되고 **숙달감**을 느끼게 됩니다. **탁월**해지는 것이죠. 외풍에 맞서 그 차가움을 견뎌낸 힘을 저는 고귀하다고 생각해요. 더 이상 행복 여부는 중요하지 않지요.

나약하고 미숙한 우리 인간은 외풍을 맞을 때 뼈저리게 아프지만 그 순간을 극복해 낼 때 비로소 성장하는 게 아닌가 생각해요.

인생의 양면성을 통합하는 거죠. 그래서 외풍은 **인간의 숙명**fate**이
자 위대한 운명**destiny**을 이루게 해주는 견인차입니다.**

Y   선생님, 제게 마지막으로 들려주고 싶은 말씀이 있으신
가요?

김   행복을 추앙하지 마세요. 하하!

걱정과 사랑을
혼동할 때

우리는 걱정과 사랑을 혼동할 때가 많다. 상대방이 원하지 않는데 내 쪽에서 먼저 염려와 걱정을 표하는 것은 상대를 위한 유익한 걱정이라기보다 내 불안정 내지는 이기심의 발로일 때가 많다. 상대를 위한 걱정의 상당 부분이 내 마음속 해결되지 못한 불안과 감정의 맺힘에서 발산되는 신경증임을 우리는 잘 알지 못한다. 때론 상대에 대한 숨겨진 시기심일 수도 있다.

걱정의 탈을 쓴 발언, 관계를 해치는 위험한 발언에는 어떤 것이 있을까?

- 상대의 외적 상태, 사회·경제적 상태(결혼, 출산, 취업, 연봉, 연애 등)에 대한 언급이나 질문
- "어머, 오늘 얼굴이 왜 그래?", "너무 피곤해 보여.", "머리

모양이 이게 뭐니?", "넌 코만 고치면 완벽해."와 같은 상대
의 외형에 대한 지적이나 평가

- "너를 위해, 다 너 잘되라고, 너를 사랑해서 하는 말이야."
와 같이 자신의 좋은 의도를 강조하며 건네는 부정적인 말이
나 비난
- 솔직함을 내세운 날것의 표현
- "나니까 이런 말 해주는 거야."와 같이 생색내며 자기 우월
감을 드러내는 말

이런 식의 말은 '참견 어린 호기심', '시기심 어린 호기심'일 뿐
이다. 침입intrusion, 조종manipulation이다. 상대를 교묘하게 경시
함으로써 가스라이팅이 이뤄진다. 말하는 이도, 듣는 이도 이것
을 관심 혹은 사랑으로 **착각**할 때가 많다. 하지만 이는 상대를 통
제하고 조종하려는 시도이자 자기중심적 행동일 뿐이다. 말하는
이가 타인을 염려하는 자기 자신에 도취된 것에 불과하다.

이는 대화 상황을 넘어 대인 관계 자체에 독소로 작용한다. 말
하는 이가 교묘하게 독성을 내뿜을 때 듣는 이가 곧바로 명백한
외상을 입는 건 아니지만 쓰라리다. 애매한 불편감이 번지고 뭔
지 모를 마음 상함이 뒤늦게 올라온다.

**심리학자들은 관심의 능력은 고도의 심리적 능력이며, 사랑하는
능력과 직결된다고 말한다.** 타인과 외부 세계에 진정한 관심을 갖

기 위해서 우리는 내 입장에서 벗어나 타인의 입장, 마음, 아픔, 현재 상태 그리고 독자성을 헤아릴 수 있어야 한다. 심리학에서는 이를 '정신화mentalization'라고도 한다.

그러나 이보다 더 중요한 것은 우리가 타인의 시선이나 마음, 입장을 완벽하고 정확하게 헤아릴 수 없다는 것, 즉 인간적 한계를 갖고 있음을 인정하는 것이다. 이런 겸손함이 진정한 관심의 시작이다. 너무나 쉽게 "네 마음 다 알아. 네 입장 이해해."라고 말하는 우리는 이러한 한계를 늘 잊어버린다.

차라리 아무 말을 하지 말 것

진정한 관심과 사랑은 상대의 외견보다는 마음의 흐름, 내면의 변화를 궁금해한다. 열린 마음으로 상대를 관찰할 뿐 상대의 현재 상태와 삶에 섣불리 내 말과 의견을 얹지 않는 것이 인격에 대한 참된 존중이다. **진정한 관심과 사랑은 상대의 내면에 주의를 기울이는 것이고 상대에게서 풍겨 나오는 내면의 향기를 민감히 향유하는 것**이기에 상대의 외면적인 부분에 일차적 시선이 가지도 않고 섣불리 평가하지도 않는다. 오히려 참견 어린 호기심에 근거한 이런 걱정은 타인에 대한 은근한 질타와 경시이고, 더 깊이 보면 숨겨진 통제 욕구나 경쟁심이 새어 나오는 것에 불과하다. 내면에 해결되지 못한 불안이 큰 사람이 오히려 타인을 불필요하게 걱정한다. 사랑이라는 미명을 씌워서 말이다.

침입에 가깝게 지적하거나 간섭하는 사람들을 보면 자신에게

'권력', '힘'이 있다고 착각하는 경우(의식적이든, 무의식적이든)가 아주 흔하다. 그래서 상대가 혹여 "그런 말 하지 말아주세요."라 하면 벌컥 화를 내거나 "그런 말도 못 하냐?"라고 되레 억지를 부리곤 한다. "예민하게 구네."라며 상대를 비난하고 책임을 전가한다. "내가 다 너를 생각해서, 너를 아끼니까 하는 말인데, 네가 감히 그걸 듣기 싫어해?"라고도 한다. 그들이 원하는 것은 대화나 정서 교류, 친밀감이 아니다. 자기식대로 만족을 얻고 숨겨진 우월감을 채우는 게 급선무일 뿐이다. 무조건 자기가 맞아야 한다. 이런 것을 '타인을 도구화한다'라고 한다.

상대방을 있는 그대로 존중하는 태도는 의식적으로 연마되고 획득되는 의젓한 노력의 산물이다. 상대의 외적인 측면에 치중됨 없이 그의 내면세계를 소중히 여길 때 상대를 전인적 존재로 바라보는 따뜻한 사랑이 실현된다. 이것이 진정으로 '다정한 눈'을 가진 사람이다. 눈에 보이는 그 사람의 스펙과 사회·경제적 상태, 외모에 말을 얹고 싶을 때, 잠시 멈추자. 하지 말아야 할 말을 하지 않는 절제가 바로 존중의 시작이다.

모든 것은 스펙트럼임을 잊지 말 것

그렇다고 걱정과 사랑이 완전히 별개라는 의미는 아니다. 모든 심리적 상태와 요인은 분절된 게 아니라 긴 스펙트럼에 놓여 있다. 이것과 저것은 종이 한 장 차이인지라 분별과 구분이 쉽지 않다. 순간 자칫하면 선을 넘어 상대에게 상처와 아픔을 줄 수 있다.

무관심-무심함-관심-사랑-돌봄-염려-걱정-잔소리-참견-간섭-통제-의심-집착-편집-파괴… 모두 이어져 있다. 왔다 갔다 한다. 사랑이 한순간에 참견이 되고 간섭이 되며 집착이 될 수 있다. 나는 저 스펙트럼 어디쯤에 상주하고 있는지 살펴볼 일이다.

쓸데없는 지적과 참견에 대한 초기 대응법

- 무반응으로 대응하자. 즉답할 필요가 없다. 같이 웃거나 동조하지 말자. 어떤 감정 반응도 보이지 않는 것이 가장 좋다.

- 상대와 조금 거리를 두고 지내자. 관계를 끊는다 생각하니 힘든 것이다. 먼저 거리를 둬라. 가족이나 직장 동료여도 약간의 거리를 두는 것은 가능하다. 함께 있는 시간을 조금씩 줄이고 대화도 절반으로 줄이자. 함께 있을 때는 일정 시간 후 자리를 먼저 뜬다. 화장실이라도 가라.

자존감의
덫

　자존감이라는 용어를 많이 쓰고 있다. 일상용어처럼 우리들 대화에 등장한 지 오래다.

　"제가 자존감이 낮아서…."

　"자존감을 높여야 하는데…."

　"제 친구 T는 자존감이 높은 거 같아요."

　"어제 그 상황에서 제 자존감이 확 낮아졌어요."

　"네 자존감이 높은 건 아버지 사랑을 많이 받아서인 것 같아."

　"저는 자존감 높은 사람을 좋아해요."

　모두가 자존감이 높길 바란다. 자존감이 높아 보이는 사람에 대한 부러움과 동경을 말하는 사람도 자주 만난다. 그런데 자존감의 과다한 언급을 보며 염려되는 부분이 있다.

　내가 대학원에 입학한 1990년대 초반, 당시 심리학계에서는

'자기존중감self-esteem' 개념이 요즘 말로 핫했다. 심리적 현상과 정신병리, 심리치료 효과 등의 연구 논문에 자기존중감이 하나의 중심적 변인으로 활발히 들어가던 때였다. 나도 자기존중감을 변인으로 넣어 논문을 쓰기도 했다. 그렇게 오래전 학문적으로만 사용되던 자기존중감이라는 심리학 개념이 긴 시간이 지나 몇 년 전부터 인기를 끌다 못해 일상의 단어로 정착했다.

자존감은 자기존중감의 줄임말로, 자신의 능력과 가치에 대한 전반적인 평가와 판단, 태도를 의미하는 심리학 용어다. '내가 나를 얼마나 긍정적으로 바라보고 있는지'와 같은 평가 개념이 들어가 있다. 자존감은 개인이 타인, 환경 그리고 세월 속 복잡다단한 경험과 상호작용하며 조성된다. 성장기의 경험으로 어느 정도 기반이 다져지고 고정되는 부분도 있지만, 성인이 되어 심리적 훈련, 새로운 경험과 학습을 통해 일정 부분 조정되기도 한다.

그런데 몇몇 사람들은 자존감의 '높낮이'에 치중하여 온도를 재듯, 업무 성과 평가하듯, 점수 매기듯 말한다. 타인과의 경쟁 구도처럼 자존감 줄 세우기, 순위 매기기를 한다. 특히 현재 내 기분이 좋지 않은 것이나 부정적인 감정이 발생한 것을 자존감의 높낮이로 표현하는 경우가 흔하다. 즉, 기분과 감정을 있는 그대로 느끼고 표현하는 게 아니라, 날것의 감정보다 덜 위협적이라 판단되는 용어를 빌려 대체해 말한다. '감정'이 일어났는데 감정을 서술하는 게 아니라 "자존감이 낮아졌어. 자존감 떨어져."라고 말해버린다. '방어기제defense mechanism'가 작동하는 것이다.

방어기제 중 '주지화intellectualization'를 떠올려 볼 수 있다. 주지화란 감정적으로 동요를 불러일으키거나 위협이 될 수 있는 사건 또는 상황에서 정서 반응을 보이기보다는 이성적이고 합리적인 방식으로 대처하는 경향을 보이는 심리 현상이다.

주지화를 습관적으로 사용하는 사람은 감정과 정서 측면을 감당하기 어려워한다. 정서적 측면으로부터 자신을 분리시키고, 논리와 설명, 지적인 분석을 통해 문제에 접근하는 태도를 보인다. 주지화를 과도히 사용할 경우에는 감정을 그때그때 들여다보거나 해소하기 어렵다. 갈수록 마음이 딱딱해진다. 이 모두는 무의식적으로 작동하는 기전이기에 본인은 인지하지 못한다.

대화가 깊어질 수 있는 순간에 모든 걸 자존감이라 이름 붙여 말하는 사람은 그리 말하고 끝냄으로써 깊은 대화를 차단하고 자기 탐구의 기회를 잃어버린다. 마음속 감정의 눈을 질끈 감아버리는 것이다. 이럴 때 "아, 자존감 떨어진다. 자존감이 바닥이야."라는 말은 알고 보면 자기 채찍질이나 숨겨진 분노에 가깝다. 진짜 감정을 온전히 느끼면서 내가 나 자신을 만날 수 있는 기회인데 그게 사라진다. 방어이기 때문이다. 자존감의 높낮이 개념이 오용되거나 과용되면 그러하다.

자존감의 높낮이보다 더 중요한 것

자존감의 높낮이를 표현할 때 이는 진짜 자존감의 문제라기보다는 그 순간의 '기분'을 대체해 표현하는 것에 불과할 때가 많다.

자존감이라는 어휘를 쓰기보다 그 상황에서 '진짜genuine 내 감정'을 느끼고 표현하는 게 건강한 모습이다. **감정이 곧 '나'**이기 때문이다. 감정을 통해 진짜 나를 만날 수 있기 때문이다. 나를 알기 위해선 먼저 감정의 눈을 떠야 한다는 의미다. 자존감의 높고 낮음에 대한 순간적 평가보다 중요한 것은 감정을 헤아리며 그 헤아림을 통해 자기 자신에 대해 정확히 아는 것이다. 감정의 안내에 따라 내가 어떤 상태인지, 더 나아가 어떤 그릇인지 정확히 가늠하자. 내 통증 부위도 느껴보면서 있는 그대로 받아들이자. 그렇게 감정의 도움을 받아 자기 정의self-definition를 정직하게 내리는 것이 중요하다.

하루아침에 이뤄지는 작업이 아니다. 인간이 인간답게 살아가기 위한 평생 과제다. 계속 업데이트해야 한다. 내가 어떤 사람인지, 내가 가진 강점은 무엇인지, 내 아킬레스건, 정서적 핸디캡은 무엇인지, 내가 중요하게 여기는 것은 무엇인지, 내 소망은 무엇이고 내가 취할 수 있는 플랜 B로 어떤 게 적합한지, 내가 있어야 할 곳은 어디인지, 내가 피하는 게 도움되는 상황은 어떤 상황인지, 지우기 어려운 내 아픔은 무엇인지 등 실제 경험과 시행착오 속에서 여러 경로를 통해 나를 발견하고 나를 찾아가는 것이 중요하다. **'나다움'은 발견하는 것이고 만들어가는 것이다.**

경험을 '성공과 실패', '맞다, 틀리다', '잘했다, 못했다', '만족과 불만족'의 이분법으로 판단하면서 "자존감이 떨어졌다", "자존감이 내려갔다"라고 할 게 아니다. 우리 모두는 살아가면서 끊임없는 외적 평가, 내적 평가에 시달린다. 알고 보면 내가 나를 가장 가혹히 평가한다. 거기에 자존감이라는 용어가 무분별하게, 분주하게 쓰이는 건 아닐까?

'아, 나에게 이런 면이 있구나.'

'내가 이런 부분을 아파하는구나.'

'내가 유독 이런 지점에서 화가 나는구나.'

'내가 이러저러하여 좌절감을 느끼는구나.'

'내가 무척이나 잘하고 싶어 했구나.'

'내가 칭찬받고 싶었구나.'

'내 적성과 자질은 이 영역이구나.'

'내가 이 활동을 즐거워하는구나.'

'내가 이 영역에서 특히 칭찬을 많이 듣는구나.'

삶 속에서 나의 감정 반응과 흐름, 반사적 행동과 대처 행동, 실행력 등 나의 총체적인 모습을 관찰하고 알아가는 자세가 중요하다.

그럼에도 낮은 자존감에 시달리고 있다면

낮은 자존감에 시달리고 있는가? 매사 스스로를 못마땅해하고 미워하고 낮춰보는 태도가 일관되고 과하여 불편하다면, '그렇게 될 수밖에 없었던 배경이 있었다'는 관점에서 출발할 필요가 있다. 내 성장 배경 속에 비밀의 열쇠가 있다. 어렵더라도 그 배경에 다가가는 게 중요하다. 나를 정확히 알기 위해 내 성장사와 그 경험에 다가가는 것은 가치 있는 일이다. 자존감의 높낮이를 가늠하는 것과 비교할 수 없는 의미를 지닌다. 내가 나에게 다정하고 따뜻한 시선, 연민의 마음을 갖고 출발하는 게 필요하다. 이렇게 과거를 소화해 낸 힘이 견실한 현재, 굳건한 미래의 토대를 이룰 것이다.

자존감의 높낮이에 휘둘리지 말길 바란다. 또 다른 올가미가 될 수 있다. 호기심과 탐구의 눈으로, **있는 그대로의 나**를 바라보자. 매 순간 평가하는 긴장과 과도함을 버리길 바란다. 그럴수록 가혹해질 뿐이다. 할 수 있는 만큼, 필요한 만큼 내 마음을 탐구하자. 이것이 진정한 자기 사랑이자 자기 존중이다. 중요한 건 자존감의 높낮이가 아니라 **인간미와 개성**이다. 좌절에도 불구하고 성장과 성숙에 대한 믿음, 실패 속 깨달음을 환영하는 배움의 자세, 자기 성찰과 개인적 통찰에 대한 사랑, 즉 '심리적 마음가짐psychological mindedness'이 관건이다.

자기 수용과
저공비행

대학원에 재학 중이던 1990년대 초중반 시절, 나의 20대 중반은 자기존중감이라는 심리적 개념을 알게 되면서 내 자존감에 대해 고민하던 시절이었다. 나 자신에 대해 새롭게, 그리고 보다 명확하게 알게 된 시점이기도 했다. 당시 나는 스스로 자존감이 낮다고 생각했다. 친구들이 보기에는 자신감이 넘쳐 보인다고 하는데, 스스로는 자존감이 낮다고 여겼고, 어떻게 해서든 자존감을 높이고 싶었다. 그래서 자존감이 높아 보이는 친구들이나 선배들 곁에 다가가 뭔가 배우고 싶어 했다. 내가 본 그들은 지성적인 것은 물론이고 안정되고 독립적이며, 타인에게도 친절했다.

저공비행도 나쁘지 않다

L선배는 내가 보기에 좋은 사람이었다. 침착하고 똑똑했으며

일도 잘해냈다. 주변 사람들과 편안히 어울렸고 온화했다. 자존
감이 높은 게 분명했다.

어느 날, 선배와 실험실에서 대화를 하게 되었다. 선배는 컴퓨
터 앞에 앉아 일하고 있었고, 나는 과제를 위해 책을 읽고 있었
다. 각자의 일을 하며 이런저런 이야기를 나눴다. 그러다 자존감
에 대한 이야기가 나왔다.

"선배님, 저요, 자존감이 낮은 거 같아요."

"그래? 그런 생각이 들어?"

"네. 자존감이 올라갔으면 좋겠어요."

"그래? 그렇구나…. 자존감 그거 안 올라가."

나는 적잖이 충격을 받았다. 두 눈은 토끼 눈이 되었고 선배 쪽
으로 고개가 홱 돌아갔다. 선배는 무심한 얼굴로 계속 자판을 두
들기고 있었다.

"네? 왜요? 노력해도 안 올라가요? 선배님은 자존감 높아 보이
는데요."

"나? 그래 보여? 나 자존감 낮아."

나는 두 번째로 충격을 받았다. 자존감이 낮다는 선배의 말이
진실로 들렸기 때문이다. 자존감이 높은데 겸손하게 낮다고 말하
는 게 아니었다. 목소리에서 진심이 느껴졌다. 선배는 담담한 톤
으로, 하지만 명확하게 말을 이어갔다.

"나 자존감 낮아. 근데 그걸 높이려고 애쓰지 않아. 그냥 낮은
채로 살고 있어. 낮은 자존감으로 그냥 **저공비행**하는 법을 익히고

그렇게 유지하고 있는 것뿐이야."

선배의 눈빛은 안정적이었다. 게다가 편안해 보였다.

나는 이때 선배의 말 덕분에 중요한 것을 얻고 불필요한 것을 버릴 수 있었다. 선배가 생각하는 자존감의 정의와 방향이 무엇이건 내가 생각하는 자존감의 정의와 구성 요소가 무엇이건, 그게 설령 차이가 난다 하더라도 상관없었다. 내가 선배와의 대화에서 느낀 것은 **있는 그대로의 나를 편안히 받아들이는 것**이었다. 바로 **자기 수용**self-acceptance이었다.

선배는 자기의 그릇에 대해 알았고, 그걸 받아들였고, 자기 자리에서 자기의 길을 갈 뿐이었다. 노력하지 않는다는 의미가 아니다. 선배는 자신에게 주어진 일, 원하는 일을 명확히 해내는 사람이었다. 자기 자신을 수용하고 끌어안고 뚝심 있게 걸어갔다. 자기를 거부하지 않았다. 타인과의 경쟁이나 비교에 몰입하며 시간을 낭비하지도, 자신을 세상 기준에 따라 가혹히 줄 세우며 조급해하지도 않았다. 자신의 자존감이 왜 낮은지 스스로에게 따져 묻지도 않는 것 같았다. 물론 선배 또한 홀로 실패와 고뇌의 밤을 수없이 지새웠을지도 모른다. 설령 있었을지 모를 그 실패가, 그 고뇌의 밤이 선배에게 결코 헛된 시간이 아니었으리라. 편안하고 다정한 자기 수용을 이루었다 여겨졌다. 자기 자신의 마음을 편히 내버려두고 '비교하기'라는 세상 기준을 버린 것이리라.

L선배는 지금도 자기답게 잘 살고 있다.

손상을 회복하려는
시도

우리 이웃의 이야기, 혹은 당신의 이야기다.

- 애정 결핍을 메우고 회복하기 위해 사람에게 매달린다.
- 부모님의 파산으로 집안 전체가 붕괴된 아동기를 겪은 탓에 성인이 되어 유달리 돈에 집착한다. 사회적 성공과 경제력, 돈은 생명줄이다. 경제적 번영만을 열망한다.
- 열등감을 극복하기 위해 공부에만 매달린다. 성적과 학벌이 최고 가치다. 엘리트주의에 빠져 있다.
- 타인에게 받은 상처를 상대에게 몇 배로 돌려주면 내 마음이 후련할 거 같아 복수를 꿈꾼다. 보복적인 말로 상대를 공격한다. 상대에 대한 나쁜 소문을 퍼뜨리고 험담을 한다.
- "어제 그 행동을 하지 말걸." 하며 하루 종일 후회에 눌려 있

다. 자책하거나 안달복달 자신을 들볶는다.

- "만일 자식만 없었다면 이혼했을 거야.", "과거로 돌아간다면 이 사람과 결혼하지 않을 거야."라며 손상된 결혼 생활이라는 분명한 현실 위에 가상의 소설을 씀으로써 자신에게 관계의 주도권이 있다 착각한다. 내가 배우자에게 아량을 베풀고 있는 것이라고 여긴다.

- 남편의 외도를 알게 된 후 성형수술에 집착한다. 남편의 휴대전화를 틈날 때마다 훔쳐보고, 위치추적 앱을 심어 감시한다. 덩달아 유흥에 빠지거나 맞서서 외도를 행한다.

- 고부 갈등으로 인한 억울함과 고통을 자식에게 하소연하고 넋두리를 늘어놓는다.

- 이혼 후 난잡한 성생활에 빠진다. 자유연애주의자처럼 만나자는 이성은 무조건 다 만난다.

- 배우자를 때린 후 다음 날 고가의 선물을 안겨주며 용서해 달라고 말한다.

삶은 손상을 회복하려는 시도로 이뤄진다. 손상을 회복하려는 고군분투가 모자이크처럼 큰 그림을 이뤄가는 여정인 것이다. 이미 일어난 손상을 회복하려는 시도, 상실과 결핍을 메꾸려는 치열한 노력은 우리의 일상 곳곳에서 선명히 또는 은밀히 행해진다. 인간의 회복 욕구 덕에 우리는 손상에 머물지 않고 재생하는 삶을 살 수 있다. 그런데 제대로 된 이야기는 이제부터 시작이다.

다 같은 회복이 아니다

회복을 성취하기 위해서 사전에 반드시 체크해야 할 부분이 있다. 회복을 위해 내가 취하는 그 방법이 **건설적**인지의 여부다. 회복을 위해 내가 택한 이 행동과 전략이 건강한 방법인가, 정당하고 바람직한가, 궁극적으로 내 성장을 돕는 방법인가, 타인에게 해가 되지 않는 방법인가, 나에게 해가 되지 않는 방법인가… 필수적이면서 가치 있는 점검이다. 진정한 회복의 정의는 성숙하게, 장기적인 안목으로 내려져야 하며 그것을 이루기 위해 택한 행동과 전략 또한 건설적이어야 한다.

앞에 기술된 손상과 회복의 시도들을 다시 읽어보자. 상기 전략들은 건설적이지 못하다. 부적합하고 병리적이다. 순간적으로 또는 부분적으로 당사자에게 외적인 보상과 영광, 성공과 승리감을 안겨주는 것처럼 보일 수는 있다. 하지만 손상이 복구됐다 볼 수 없다. 본질적인 문제를 해결한 것이 아닐뿐더러 상대에게 고통을 주기 때문이다. **관계 파괴적**이다. 상대는 물론 당사자에게도 유해하다. 고집과 완악함, 허무와 공허, 더 나아가 중독, 고립과 외로움을 가져다준다.

타인에게도 나에게도 무해할 것

내가 바로 서기 위해, 내가 쓰러졌던 과거에 얽매이지 않고 온전히 이립하여 현재를 살아가기 위해 회복은 성취되어야 한다. 그러나 내 기분이 좋아지기 위해, 후련해지기 위해, 옳다는 것을 입증하기 위해, 상대를 이기기 위해, 상대에게 고통을 주고 앙갚음하기 위해 자기도취적으로 무언가 시도하는 것이라면 이는 회복을 가져다주지 못한다. 회복이라는 미명을 뒤집어쓴 복수, 회피, 자기 정당화일 뿐이다. 일시적 승리감과 순간적인 통쾌함을 줄지언정 내 마음에 입혀진 손상의 근원적 회복과 치유는 불가능하다. 끊어지지 않는 집착, 단절과 분열, 고립감이 증폭되고 이유 모를 허탈감이 쓰나미처럼 몰려올 뿐이다.

우리는 우리의 뜻과 무관하게 이 세상에 던져졌고 어른이 되었다. 손상을 회복하고 치유를 이뤄내며 자유를 얻기 위한 당신의 다짐, 선택, 결단에 박수를 보낸다. 부디 행동과 전략이 건설적인지 스스로 명철하게 살펴볼 일이다. 타인에게도, 나에게도 무해한지 숙고하자. 이것이 지혜이자 분별력이다. 나의 건강한 삶을 위해, 공동체 안에서 모두가 연결된 협력적 삶을 위해 내가 택한 그 방법이 혹여 타인에게 스트레스와 고통을 주는 방법은 아닌지 판별하자. 내 손상을 회복하느라 타인을 손상시키고 있는 건 아닌지 되돌아보자.

도움받을 결심

이런 분별과 판별, 적용과 실행이 유달리 어려운 사람이 많다. 방향 전환이 잘 되지 않는 것이다. 회복을 이루고 관계를 정상화시키기 위해 나름대로 노력하는데 계속 실패하거나 악화되고 있다면? 선택한 방법과 행위가 자기 파괴적이거나 반사회적이라면? 상대를 고통 속에 밀어 넣는 결과를 가져오고 있다면? 더 늦기 전에 전문적인 도움을 받길 바란다. 상대를 향한 복수와 처벌 행동이 반복되거나 멈춰지지 않는 것은 참으로 위험하다.

당신도 한다고 했을 것이다. 당신의 한계를 뛰어넘을 정도로 참았고 할 수 없는 것들을 하며 견뎌왔다. 그런데도 성과가 없다면 외부의 도움을 받는 것이 맞다. 우선 나 자신의 정신 건강을 점검하고 수선하자. 충동성이 가라앉으면 건설적으로 생각하고 선택하는 게 좀 더 수월해진다.

떠나보내면 찾아오는 것

현실적으로 해소하고 해결할 수 있는 사안은 최선을 다해 해결하자. 단, 내게 벌어진 모든 일을 내 뜻대로 해결할 수만은 없다는 것도 인정하자. 우리 모두 인간일 뿐이다. 나도 손상을 입지만 나도 누군가에겐 손상을 입히는 사람이 될 수 있다. 나만 억울한 게 아니라 상대도 억울하다.

내가 입은 손상을 인정하고 결핍을 받아들이는 그 마음만으로도 괜찮다. '딱 그것', '완전히 그것'은 아니더라도 다른 것들이 이미 넘치고 남음이 있다는 걸 깨닫자. 내게 손상을 입힌 상대를 적당히 원망한 후 내 마음에 새겨진 손상과 상실을 충분히 슬퍼하자. 그리고 이 모두를 떠나보내자. 이게 핵심이다. 이때 회복이 찾아온다. 치유와 해방 그리고 자유는 이 핵심을 수용할 때 맞이할 수 있다. 신기한 것은 치유와 해방, 자유의 길 위에서 새로운 만남이 펼쳐지고 기쁨이 찾아온다는 것이다. 새로운 그물을 들고 드넓은 바다로 나아가 새로운 관계와 삶을 만들어 나갈 수 있다.

　심리적으로 재생하는 것은 어려우나 불가능하지는 않다. 손상과 상실 그리고 고통이 삶의 일부라는 걸 받아들이고 이를 넉넉히 소화할 때 그 마음은 옥토가 된다. 옥토에 뿌려지는 회복과 재생, 해방과 치유, 자유와 감사의 씨앗을 품어보자.

외도,
그 트라우마

젊은 시절부터 중년인 지금까지 지속되고 있는 남편 J씨의 외도로 상담실을 찾은 아내 B씨의 눈은 붉게 충혈되어 있었다. 언뜻 보기에 무표정인 J씨. 그러나 나는 그의 두 눈을 바라보며 그의 내면이 공허함으로 울렁이고 있다는 걸 읽어낼 수 있었다.

아내 P씨가 둔탁한 소리를 내며 상담실 의자에 무너지듯 앉은 건 남편이 한 사람과 10년 이상 외도를 이어가고 있다는 걸 알게 된 지 닷새 만이었다.

외도 발각 후에도 미안함과 죄책감, 위축감이 전혀 없는 남편 N씨를 억지로 잡아끌고 나를 찾아온 아내 L씨의 머리는 헝클어져 있었다. 거칠게 몰아쉬는 그녀의 숨소리가 기실 마음이 찢기는 소리와 뒤섞인 처절한 울음소리로 내 귀에 들려온 것은 어느 무더운 여름날이었다. 아내의 고통에 아랑곳하지 않는 남편 N씨의 정갈한 헤어스타일과 빛나는 피부는 아내의 현실과 동떨어지다 못해 생경함을 자아냈다.

아내의 반복적인 외도로 눈물을 삼키며 이야기를 이어가는 남편 R씨의 마음은 부서져 있었다. 발걸음을 옮길 때마다 바스락 소리를 내며 부서지는 메마른 낙엽들이 길을 뒤덮은 어느 늦은 가을날이었다.

외도의 파괴력은 강력하다

외도의 얼굴은 다양하다. 아니, 하늘 아래 똑같은 외도는 없었다. 층과 깊이, 폭과 넓이 모두 상이하다. 그럼에도 모든 외도는 어떤 식으로든 파괴력을 지닌다. 일회성 외도에 비해 병리적 외도의 치유는 쉽지 않다. 물론 일회성 외도도 배우자 측에 지우기 어려운 상처를 남긴다. 그러나 치유와 관계 복구 차원에서 이 두 유형은 큰 차이를 보인다. 물혹, 양성 종양, 악성 종양은 그 위험도와 처치가 완전히 다르다. 외도도 마찬가지다. 병리적 외도는 악성 종양 말기와 유사한 격이며, 치유를 위해 정말로 커다란 고통이 따른다. 치유가 불가능한 경우도 있다.

심리학적 분석 차원에서 외도 행위자가 병리적 외도를 행할 수밖에 없는 숨겨진 욕구와 왜곡된 감정 시스템, 애정 결핍, 험난한 애착 역사와 아픔을 찾아내고 파악할 수는 있다. 그러나 그렇다고 해서 면죄부가 되는 건 아니다. 병리적 외도 패턴이 뿜어내는 파괴적 힘은 너무나 강렬하기에, 외도 상황을 정지시키고 그 상황에 엮인 모두가 냉철히 각성하는 게 필요하다. 전문가가 개입하여 상처를 봉합해야만 하는 경우가 대다수다.

외도의 필수품, 거짓말과 기만

외도에는 상대를 속이는 거짓말과 기만이 필수로 따라다닌다. 패키지다. 외도라는 '누수 현상'이 발생하고 있는 부부에게 정서적 연결, 우정과 사랑, 상대의 소망에 대한 이해, 상대의 고통에 대한 배려, 즉 건강하고 정직한 부부애를 기대하는 건 불가능하다. 외도라는 누수 현상이 부부간 친밀감 형성 과정을 방해하기 때문이다. 배우자에게 들키지 않았다고 능사가 아니다. 부부간 친밀감이 사라진 그 자리에는 무시와 경멸, 의심과 경계, 냉담, 배척, 소외, 분노와 원망, 우울과 외로움이 앞다퉈 자리를 꿰차고 들어앉는다.

더군다나 외도를 알게 된 배우자는 자신의 인생이 송두리째 무너지는 충격적 허망함에 압도된다. '저 사람이 내가 알던 그 사람인가?'라는 혼란에 빠진다. 전방위적 충격에 삼켜지는 것이다. 내가 파괴됐기에 내게 파괴를 안긴 상대에 대한 파괴 욕구도 휘몰아친다. 충격으로 산산조각 난 마음에 외도 행위자에게 복수하는 일도 다반사다. 너와 내가 하나로 묶여 공멸로 가버린다.

외도를 알게 된 배우자는 그간 상대가 행한 거짓말들이 일순간에 꿰맞춰질 때, 그 수많은 거짓말에 한층 더 충격을 받는다. 기만당한 자신을 스스로 마주하는 건 비현실적이기까지 하다. 사랑했던 상대가, 가장 가까이에서 일상을 나누고 서로 소중히 돌봤던 배우자가 나를 속이다니! 외도 행위 자체도 충격이지만 배우자의 거짓말과 기만에 마음이 한없이 깨지고 무너진다.

달려들거나 모른 척하거나

의존적 성향, 애정 결핍, 그간 쌓아온 부부간 애정의 정도, 과거 나의 애착 경험과 역사 등에 따라 배우자의 외도를 인지한 후 대응에서 차이가 나타난다. 외도를 행한 배우자에게 '매달리기'를 할 수도 있고 '거리 두기'를 할 수도 있다. 대처가 어떤 방향이든 '매달리기'나 '거리 두기'가 극단적인 형태로 나타나면 위험하다. 상대가 정말로 나를 떠날까 봐 앞뒤 맥락 다 자르고 무조건 매달리며 애원한다거나 배우자를 궁지로 몰며 추궁하고 처벌하는 등 배우자의 자유를 구속하는 대응 양태가 흔하다. 외도를 냉담히 모른 척하거나 아예 말도 꺼내지 않거나 맞바람을 피울 수도 있다. 이런 대응들 모두 해롭다. 문제의 본질을 마주하지 않고 내 불안과 공포, 특히 '유기 불안fear of abandonment'과 '거짓 자기false self'에 근간한 파괴적이고 극단적인 대응이기 때문이다. 감정적인 대응이자 회피적인 대응이다.

가장 슬프고 뼈아픈 대가

직업상 외도 행위자를 셀 수 없이 많이 만났다. 상담실에서 그들과 마주한 나는 한 인간의 내면 깊은 곳까지 들어간다. 다양하고 개별적인 그들의 사연은 인간에 대해 많은 걸 깨닫게 한다. 그들은 가장 가까운 타인인 배우자를 기만했다. 그런데 역설적이게도 그들이 외도함으로써 짊어져야 할 가장 커다란 대가는 **타인을 기만한 자기 자신에 대한 증오와 혐오**다. 안과 겉이 다른 나. 내 만족을 위해 타인에게 치명상을 입힌 나. 자기혐오는 그들의 **무의식**에 자리하기에 지금 당장 스스로 감지하지는 못한다. 하지만 양심에 병적인 문제가 있는 게 아닌 이상 배우자에게 기만을 행하는 자기 자신을 끝까지 완벽하게 외면할 수는 없다.

인간은 자기 자신에게 떳떳하고 당당할 때 어깨를 펼 수 있다. 자기 자신에게 정직할 때 자부심이 생긴다. 가장 가까운 배우자를 기만하는 사람은 무의식 안에서 그런 자기 자신을 혐오한다. 인간에게는 일말이라 하더라도 양심이 있기 때문이다. 하지만 이 혐오는 외도에 취해 깊이 숨겨진다.

들키지 않으면 된다? 이런 낮은 윤리관으로 세상을 살아가는 사람은 성숙한 윤리관을 지닌 이들보다 훨씬 격심한 난관에 반복적으로 봉착한다. 내면에 질서가 없기 때문이다. 도덕적인 삶을 운운하는 것이 아니다. 이는 자기self가 자기답게 살아가기 위한 삶의 대원칙이다. 내가 타인을 성공적으로 기만했다는 것을 인지하는 순간, 반사회적 성격의 소유자가 아닌 이상 무의식에 자기

혐오가 자라나는 건 마음의 섭리다. 자기 사랑, 자기 수용, 자기 창조에 쓰일 에너지를 저 낮은 곳에 빼앗겨버린다. 이게 외도의 가장 슬프고도 뼈아픈 대가임을 나는 오랜 세월 외도 행위자들을 심리치료하며 깨달았다. 가장 큰 피해자는 외도 행위자 자신이다. **가장 중요한 것을 가장 크게 잃는다.**

자녀에게 남긴 트라우마와 인간 불신

외도는 상대 배우자의 정신 건강과 삶에 파괴적 영향력을 행사하는 것은 물론, 자녀들의 정신 건강에도 악영향을 미친다. 자녀에게도 명명백백한 관계 트라우마relationship trauma이자 애착 트라우마attachment trauma다. 외도에 빠지고 이를 지속하는 한, 자녀에게 건강한 '부모 됨parenthood'을 실행하기 어렵다. 자녀의 성장에 참여하거나 초점을 맞추기도 불가능하다. 낭만적 사랑(로맨스), 에로틱한 사랑(에로스)이 외도 행위자의 심신을 지배할 수밖에 없기에, 외도 후 귀가해서 가족 앞이라고 금세 우정 어린 사랑, 헌신적인 사랑으로 전환될 수 없다.

부부애는 깊이 있는 우정의 요소가 중심이며 배려와 이해, 이타성과 헌신의 요소로 확고해진다. 나이가 들어감에도 낭만적 사랑과 에로스를 졸업하지 못하고 계속 외도에 빠져든다면 세월 속에서 향기롭게 숙성되는 부부애와 가족애, 유대감과 협력을 기대하기 어렵다. 허점은 더 크게, 맹점은 더 분명하게 집안을 점유해나간다. 겉으로는 멀쩡한 집안 같아 보여도 그 속은 관계 트라우마로 난도질되어 있는 것이다. 가족 안에서 은밀히 발생하는 트라우마가 그 가족의 **실체**다.

자녀들은 부모의 외도를 알게 되더라도 혼자 끙끙 앓으며 비밀시한다. 자녀 스스로가 이에 정확한 의미를 부여하기 불가능하기 때문이다. 내 생명줄과도 같은 부모, 사랑하는 부모가 분열되고 있음을 알게 된 충격으로 자녀들은 얼어붙는다. 내가 부모의 외도를 알게 된 걸 겉으로 드러내면? 가족에게 알리면? 그러면 부모가 이혼하고 우리 가정이 산산조각 날 거라는 멸절의 공포가 자녀를 압도한다. 그럼 나는 어떻게 되는 거지? 부모가 나를 버리면? 온갖 공포 시나리오가 자녀를 덮친다.

이런 자녀가 **비밀**을 품고 성장한 후 성인이 되어 가정을 이루는 경우, 성장기 트라우마는 여러 경로를 통해 현재의 결혼 생활에 악영향을 미친다. 해결되지 못한 비밀 보따리를 품고 결혼했기에 이 보따리를 건드리는 사안이 생기면 '발끈'하게 된다. 감정적이고 비합리적인 행동이 튀어나온다. 불필요하게 의심하거나 회피한다. 어느 방향이건 과잉 반응이 반복된다. 숨겨진 트라우마에서 뿜어져 나오는 기운이다. 부부 불화로 나를 찾아왔다가 마음 밑바닥에 깔려 있던 성장기 관계 트라우마, 그중 하나인 부모의 외도가 입에서 튀어나오는 내담자를 만나는 건 흔한 일이다.

부모는 자녀가 이런 트라우마에 눌려 있다는 걸 모른다. 자녀는 잘못한 게 없는데, 부모의 외도로 숙명적인 관계 트라우마를 지닌 채 성인의 삶을 살아간다. 이 상흔으로 그들의 세계관에는 타인에 대한 불신, 사랑에 대한 불신, 불안정감이 뼈아프게 새겨진다. 사랑에 대한 비현실적인 환상을 갖게 되거나 구원자를 찾아다닐 수도 있다. 부모 중 약자의 대리 배우자 역할을 맡아버린 자녀도 있다. 희생양이다. 부모가 평생 불행감에 젖은 채 일말의 개선도 없이 결혼 생활을 이어갈 때 그 찢어진 우산 밑에서 성장한 자녀는 깊이 아프다.

치유의 발판을 만들 것

외도는 문제 행동이다. 병리적 외도는 치료가 필요한 행동 질환이자 심리 질환이다. 성격 문제도 병존한다. 심리적 곤궁함과 중독의 문제다. 인간은 나약하고 자기중심적이고 본능과 욕구의 지배를 받는 생명체이기에 심리적 장애와 중독에 처하는 숙명을 완벽히 피할 순 없다. 하지만 그렇다고 거기에 노예가 되어 종살이할 수는 없는 일이다.

인간에게는 깨달음의 능력, 성장의 욕구가 있다. 자기 성찰을 할 수 있는 존재다. 자신의 행동을 조절하고 통제할 수 있다. 우리에겐 **마음**이 있기에 이 모두가 가능하다. 수치심을 느끼며 사리 분별할 때 인간은 인간다울 수 있다. 그렇게 마음의 눈을 뜨고 내 궤적을 되짚으며 성찰할 때 고난은 지나가고 고통도 씻겨간다. 인생과 성실히 씨름한 자에게 심리적 지혜와 평안이 움튼다.

우선 전문가의 도움을 받아 치유의 발판을 만들자. 늪에서 나오기 위해 연합군을 만들자. 문제 행동을 멈추지 않으면 병든 정신과 영혼은 기실 자기혐오를 넘어 자기 피폐로 이어질 뿐이다. 그 피폐함은 처절하고 비가역적이다.

　당신의 배우자나 부모가 외도자일 수 있다. 지금 이 글을 읽는 당신이 외도자일 수도 있다. 인간적인 길을 걷고 싶다면 더 늦기 전에 사슬을 끊을 것을 권면한다. 오래된 비밀과 상흔, 관계 트라우마는 더 늦기 전에 치유되어야 한다. 애착 트라우마를 더 이상 방치하지 말고 작은 발걸음을 내디뎌 보자. 그 끝에서 당신을 기다리고 있는 온유하면서도 당당한, 숨길 것 없이 자유로운 **참자기**true self를 만나고 싶지 않은가.

희생도 지나치면
독이 된다

희생의 정도가 지나칠 때 의외의 결과가 초래된다는 걸 많은 이들이 알지 못한다. 우리는 타인을 위해 내 만족과 편안함, 이득, 욕구를 뒤로하고 상대에게 맞추는 것을 사랑이라 배웠고 미덕으로 여겼다. 우리 모두에게는 사랑이 필요하고 이 세상 그 누구도 타인의 희생 없이는 생존할 수 없다. 그런데 희생에도 정도와 적절성이 있고 부작용이 있다. 독이 되는 희생이 있다.

맹목적인 희생은 독이다

희생 중에 건강하지 못한 희생이 있다. 맹목적 희생은 독성이 강하다. 희생은 내가 상대방을 위해 행하는 것이지만, 포장지 한 겹만 벗겨보면 결국 나를 위한 희생, 내 불안과 죄책감을 없애기 위한 이기적 희생인 경우가 있다. 부모-자녀 관계나 일대일의 애정 관계에서 맹목적인 희생을 더 흔히 관찰할 수 있다. 맹목적 희생의 결과를 보자.

- 상대를 숨 막히게 할 수 있다. 심리적 질식을 유발한다.
- 상대가 나의 희생을 당연시하고 더 높은 강도의 희생을 당당히 요구한다.
- 상대가 나를 부당하게 대하도록 만든다.
- 일대일 애정 관계에서 한쪽의 맹목적 희생은 '둥지'를 안정적으로 강화하기보다 상대에게 '날개'를 달아주는 격이 되곤 한다. 아이러니하게 상대가 날아가 버린다.

맹목적인 희생만으로는 사랑의 결실을 이루기 어렵다. 갈등과 문제의 본질을 외면한 채 참고 참으며 행하는 희생은 관계를 갑갑하게 만든다. 악화시킬 뿐이다. 관계 속 남아 있는 산소마저 없애 버린다. 안정적인 애정과 사랑 그리고 동반 성장은 관계 속 너와 나, 두 사람이 균등하게 주고받는 상호성이 유지될 때 이뤄진다. 균형이 중요하다. **건강한 주고받음이 펼쳐지는 것, 이것이 바로 관계의 생명력이다.** 성인 두 사람임에도 한쪽이 한쪽을 마치 아이처럼 양육하는 행태나 느낌이 지배적이라면 그것은 병리적인 관계다.

희생 끝에 생겨난 응어리

한쪽이 맹목적인 희생을 쏟아붓는 관계는 기울어지게 마련이다. 기울어진 채 관계가 지속되면 희생을 쏟아부은 사람의 마음에 결국 맺힘과 한(응어리), 보상 심리가 쌓인다. "내가 이렇게까지 참고 희생했는데, 내가 이 정도까지 맞춰줬는데, 내가 그동안 얼마나 희생을 했는데!"라며 종국에는 울분이 터진다. 그간의 희생을 분명히 알리고 보상받고자 더 강렬히 희생하며 집착한다. 응어리가 점점 커지고 있음에도 더 격심하게 희생하며 질주한다. 상대의 상태를 가일층 살피지 못한다. 자기연민에 깊이 빠져들 뿐이다.

분노의 화신이 되어 폭발 지경에 이르기도 한다. 한 번의 참음은 불편감 정도에 그치지만, 이런 불편감이 하루하루 누적되면 이는 불편감을 넘어 강력한 응어리가 된다. 응어리는 나의 심리 구조에 큰 영향을 미친다. 이를 심리학에서는 '누적 트라우마cumulative trauma'라 한다. 낙숫물이 바위를 뚫는다. 인간이 쓰러지는 것은 꼭 큰 한 방이 아니다.

폭발하거나 원망을 쏟아내면 상대가 이렇게 말한다. 변했다고, 왜 갑자기 지금 와서 그러냐고, 진작 말하지 그랬냐고, 네가 원해서 자발적으로 한 행동들 아니냐고, 지금 와서 생색내는 거냐고, 너무 계산적인 거 아니냐고.

관계를 풍요롭게 하는 것

맹목적이고 일방적인 희생은 해피 엔딩이 될 수 없다. 탈진할 때까지, 내 한계가 드러날 때까지 무리하여 내 것을 내주는 희생

66

은 위험하다. 내가 무너지고 있다는 것을 알려주는 경고 신호도 외면한 채 상대만 바라보며 집착적으로 이어지는 희생 질주는 희생이 아니다. 극도의 불안이자 자기 학대일 뿐이다. 관계는 퍼붓듯이 행해지는 한쪽의 맹목적 희생이 아닌 관심과 민감성, 관찰과 조율 그리고 자주성과 독립을 토대로 풍성해진다.

> 상대방이 나를 필요로 하는 그 순간을 민감히 감지하고
> 나를 충분히 내어주되, 아닐 경우에는 물러나 있는 것,
> 그런 시기적절한 주고받음이 관계의 핵심이다.

나 자신을 잃지 않는 것이 중요하다. 나 자신을 내던져 버리지 말고 바로 서서 상대와 **협력**하자. 협력하는 가운데 너와 나는 연합군이 되고, 그때 진정한 **헌신**commitment도 가능하다. 내가 더 많은 자원을 갖고 있는 부분에서는 그 자원으로 상대방을 좀 더 도와주자. 도움과 헌신을 받은 수혜자는 깊은 감사와 사랑을 느낀 뒤 그 사랑을 되돌려준다. 헌신의 선순환이다. 이것이 건강한 사랑의 이치이며 너와 내가 관계에 진심으로 **참여**하는 모습이다.

타인의 과도한 희생이 뒷받침되어야 유지되는 관계는 병든 관계다. 상대에게 과도한 희생을 퍼붓는 맹목성은 내면의 불안이나 죄의식의 발로다. 맹목적 희생이 아닌, **협력과 진심 어린 참여 그리고 건강한 상호 헌신**만이 견고한 유대감을 만들어준다는 걸 잊지 말자.

감정이
과잉일 때

인간은 많은 감정을 느끼며 산다. 즐거운, 기쁜, 활기찬, 만족스런, 유쾌한, 행복한, 슬픈, 우울한, 비참한, 불쾌한, 아쉬운, 답답한, 씁쓸한, 실망스런, 환멸스러운, 뿌듯한, 자랑스러운, 부끄러운, 창피한, 수치스러운, 아픈, 쓰라린, 고통스런, 화나는, 서운한, 억울한, 혐오스런, 경멸스런, 권태로운, 귀찮은, 무서운, 불안한, 두려운, 막막한, 위축된, 외로운, 허전한, 고요한, 시원한, 후련한….

인간이 느끼는 감정 중에 불필요한 감정은 없다. 감정은 기능을 가지고 있다. 인간의 물리적 생존과 심리적 생존을 위해 그리고 인간다운 삶을 위해 감정 하나하나는 어떤 '신호'로서, 그때그때 내려야 할 판단의 '근거'로서 가치가 있다. 감정이 곧 나라고 해도 과언이 아니다.

부정적인 감정이 엄습해 고통스러울 때조차도 그 감정은 그 상황, 그 시점에 꼭 필요한 것이다. 난관의 연속인 삶에서 고난과 맞물린 부정적인 감정은 불가피하다. 위기 상황에서 발생한 부정적인 감정은 궁극의 문제 해결을 위해 우리를 각성시키고 움직이게 하는 시작점이면서 원동력이자 나침반이기 때문이다. 감정이 없다면 인간은 움직이지 못한다. 이것이 분노와 두려움, 실망감 같은 부정적인 감정을 외면하면 안 되는 이유이기도 하다.

감정과 친하게 지내기

부정적인 감정을 터부시하고 두려워해 축소, 억압, 외면하면 현실을 직시할 수 없는 것은 물론 문제 해결의 시기를 놓치게 된다. 삶은 나아갈 수 없어 정체되고, 심지어 왜곡된다.

심리적으로 건강하다는 것은 긍정과 부정의 잣대를 넘어 다양한 감정을 있는 그대로 느끼고 담아내어 궁극에 해소하는 것이다. 생동감 넘치는 진짜 삶은 그런 것이며 그래야만 역설적으로 객관적인 삶이 된다. 객관은 주관의 영향을 받는다. 감정을 지렛대 삼아 이성적이고 합리적인 사고를 견인할 때 진정한 문제 해결을 성취하고 성장도 이룰 수 있는 것이다. 감정을 신호 삼을 때 내가 원하는 것이 무엇인지, 나는 어떤 사람인지 알 수 있고 나다운 결단과 결정도 내릴 수 있다. 자신의 감정에 진솔해야 건강한 결단과 결정도 가능한 것이다. 그럴 때 우리의 삶 또한 치명적으로 꼬이지 않는다.

감정이 흘러넘치다

 그런데 이걸로 끝이 아니다. 한 단계 더 나아가 중요한 게 있다. 감정의 적절성, 바로 감정의 과잉 여부다. 감정은 물결이다. 잔잔하게 일렁이는 물결, 시원한 파도, 거친 파도, 때론 쓰나미의 형태로 우리에게 다가온다.

 감정이 과잉으로 넘칠 때 역기능이 발생하고 현실은 망가진다. 당신이 현재 느끼는 감정이 외부 상황, 즉 자극에 부합하는 반응이라 하더라도(가령 상대가 부당하게 행동해서 분노가 일거나, 상대가 기대를 저버려서 실망감이 일어나는 경우라고 하더라도), 그리고 그것이 행복과 만족, 기쁨, 환희처럼 아무리 긍정적인 감정이라 하더라도 외부 자극의 크기에 걸맞지 않은 분량의 '과한 감정'이 넘쳐나고 있다면 건강한 상태라 보기 어렵다. 즉, 다음과 같은 양상이 나타난다면 위험신호로 받아들여야 한다.

• 감정의 진폭up-down이 보통 이상으로 클 때

• 감정의 과잉 상태가 너무 길게 지속될 때

• 내 감정이 과해서 상대가 고통을 호소할 때

• 나날이 감정 과잉이 드러나는 방식이 다양해질 때

• 감정 과잉이 자꾸 행동으로 연결될 때(공격, 집착, 충동적 행위, 폭발, 회피, 고립, 단절, 중독 등)

과잉은 모두에게 고통을 불러온다

상대가 나를 3만큼 자극했는데 나의 분노 반응이 6일 때, 5만큼 슬픈 게 타당한데 내 슬픔 반응이 9~10일 때, 대략 3개월이면 털고 일어날 수 있는 일인데 1년 넘게 적대감이 유지되고 증폭될 때, 나를 아프게 한 상대에게 내 공격성과 복수심이 폭발적으로 분출될 때, 나를 둘러싼 상황은 암울하고 점점 악화되고 있는데 여전히 활기차거나 겉으로 희망차 보이려 과도하게 애쓸 때, 실패의 연속인데도 점검은커녕 근거 없는 자신감이 넘칠 때, 상대가 약간만 짜증을 내도 참을 수 없이 격노가 터질 때, 상대가 나에게 불친절했단 이유로 뒤집어엎고 싶을 때, 내 감정이 과잉인 것은 아닌지 살펴보자. 내 감정 시스템이 고장 난 것은 아닌지 들여다보자.

결국 내 안에서 감정 해소의 단초를 찾아야 한다. 스스로를 달랠 줄 알아야 한다. 혹시 내게 부정적인 감정을 일으킨 외부 환경이나 상대방에게서 원인을 찾느라 분주한가? 당장 멈추자. 멈춰야만 감정 치유와 문제 해결이 시작된다. 외부 탓, 남 탓 하는 한 내 시야는 편협해지고 내면에 부정적인 감정만 켜켜이 쌓여갈 뿐이다. 누적된 감정 응어리가 행동을 통해 표현되는 상태, 즉 행동화acting-out에 이르는 것은 시간문제다. 건강히 처리되지 못한 감정은 미숙한 충동 행동을 통해 분출되기 마련이다. 모두에게 고통일 뿐이다.

감정 과잉으로 상대의 숨통을 막다

감정 반응 시 고질적인 문제, 유의미한 오류가 계속 나타난다면 이를 스스로의 다짐과 의지만으로 조정하기는 거의 불가능하다. 이리저리 각고의 노력을 기울여도 감정 과잉의 고리는 쉽사리 끊어지지 않을 것이다. 인정할 필요가 있다. 시도 때도 없이 눈물이 쏟아지는가? 상대방의 잘잘못을 따지며 징벌하고 사과를 받아내느라 격노 속에서 과하게 흥분되어 있는가? 상대를 짓누르며 분노를 폭발시키고 있는가? 상대가 문제 행동을 일으켰다 하더라도 당신이 과잉 감정을 분출하며 징벌 과정에 몰두하고 있다면 속히 정신 차리자.

어떤 감정 상태에 정도 이상으로 길게 머물러 있다면 지금이라도 빠져나오자. 상황이 상황이라 해도 과잉 감정을 분출하는 것은 당신의 내적 시스템에 오류가 발생했다는 의미다. 제대로 돌아가고 있는 게 아니다. 스스로 각성과 제어가 어렵다면 외부에 도움을 청할 수 있어야 한다. 심리적 소방관 그리고 정확한 눈금과 저울을 가진 사람을 찾자.

보통의 우리가 할 수 있는 것

좋은 관계를 맺기 위해 감정 조절 능력은 기본 중의 기본 덕목이다. 하지만 많은 사람이 자신의 감정 조절력을 돌보지 않고 '내 속을 뒤집는 상대방'에 덤터기를 씌우고 심리적으로 도망가 버린다. 우리는 대개 좋은 관계를 위해 '잘못하지 않는 완벽한 상대방'이 필요하다고 여기지만, 그렇지 않다. 이 세상 어디에도 완벽은 존재하지 않는다. 더군다나 타인을 내 입맛에 맞게 조종할 수 없다.

우리가 할 수 있는 최적의 선택지와 노력은 **자신의 감정을 돌보고 다스림으로써 내면의 평화를 구축하는 것, 하루하루 나의 평정을 회복하는 것이다.** 우리 마음은 연약하여 기껏해야 하루치 평화일 뿐이다. 이것을 인정할 때 오히려 내 감정 시스템을 매일매일 돌볼 수 있는 포용적 마음, 현실적 마음이 생긴다.

폭력,
그 치명성

폭력은 좌절이 드러나는 방식 중 하나다. 인간의 행위 중 가장 본능적이고 퇴행적이며 건강하지 못한 방식이기에 이는 허용될 수 없다. 성장하는 동안 우리의 공격성과 폭력성은 사랑 안에서 훈련되고 다듬어지고 승화된다. 사회화되는 것이다. 그러나 성인이 되어서도 공격성과 폭력성을 그대로 지닌 채 살아가는 사람들이 있다.

폭력의 정의를 찾아서

폭력 행위자는 상대를 탓하는 데에도 능하다. 폭력 유발의 원인을 무조건 상대에게 돌린다. 극히 위험한 자기애적 논리이자 반사회적 태도다. 상대를 비난하고 탓하며 폭력의 자기 정당화를 말하는 자체만으로도 폭력의 시작이다. 더더구나 친밀한 관계에서의 폭력은 사랑이라는 미명하에 합리화되거나 무시되기 쉽다. 하지만 기억하자. 치명적인 폭력은 상당수 가까운 사이에서 발생한다. 특히 부부 사이에서 폭력은 우리의 예상을 훌쩍 뛰어넘을 만큼 빈번하게 그리고 반복적으로 발생한다. 언어폭력과 신체 폭력은 물론, 문을 세게 닫거나 물건을 부수며 공포 분위기를 조성하는 행위를 포함해 폭력의 형태는 다양하다. 그 형태가 다양한 만큼 폭력의 정의definition 또한 남편과 아내 각각 상이하다. 폭력의 정의에서 차이를 보이는 남편과 아내는 상담을 받으러 온 사실을 잊은 것처럼 내 앞에서 '폭력이다', '폭력이 아니다'의 이분법에 빠져 또 다른 싸움을 펼친다.

남편 1 제가 때리다니요? 그건 폭력이 아닙니다. 아내가 제게 소리 지르며 달려들어 저는 그저 막았을 뿐입니다.

아내 1 분명히 남편이 두 손으로 제 어깨를 잡아서 뒤로 밀쳤어요. 그 힘에 밀려 제가 바닥에 나가떨어졌어요. 멍도 들었어요. 그게 폭력이 아닌가요?

남편 1 아, 진짜! 그 직전에 아내가 제게 달려들어 제 몸을 할퀴었어요. 상처 보여드릴까요? 사우나도 못 가고 반소매도 입을 수가 없어요. 그래서 제 입장에서 막은 것뿐입니다.

아내 2 남편은 제게 언어로 폭력을 가해요. 모멸감을 줍니다. 몸을 때리는 것만 폭력이 아닌데 말이죠.

남편 2 그게 언어폭력이라고요? 화가 나서 말을 좀 강하게 한 것뿐이에요. 솔직히 제가 아내에게 한 말은 다 맞는 말입니다. '아이씨!'라고 한 건 욕이 아니라 기가 차서 튀어나온 혼잣말입니다.

아내 2 혼잣말이라고요? 손을 들어 저를 때리는 시늉을 하면서 쌍욕하는 것을 제 귀로 분명히 들었어요!

남편 2 당신이 먼저 나한테 인간 말종, 개차반이라고 했잖아!

닭이 먼저일까, 달걀이 먼저일까

한 사람이 거짓말하는 걸까? 부부는 '몸싸움이다, 아니다', '때렸다, 안 때렸다', '욕을 했다, 안 했다'로 신경전에 빠져든다. 내가 중간에 개입하지 않는 한 두 사람의 시시비비는 뫼비우스의 띠와 다름이 없다. 꼬리에 꼬리를 물며 각자의 기억 속 카드를 한 장씩 맹렬히 내민다. 배우자에게 자신의 의견을 관철시키고 이기기 위해 시간과 에너지를 쏟아붓는다. 갈등은 가일층 심화되고 관계는 악화일로에 빠진다.

나는 폭력 상황의 탐색, 분석, 이해와 진단, 처방과 같은 심리적 접근 이전에 적대적 '대결 구도' 그 자체, 서로의 묘사가 '불일치하고 있다'는 그 자체, 이야기의 시작점 상정이 '서로 다르다'는 그 자체를 먼저 다룬다. 이견을 강조하며 상대 위에 올라서려는 욕망, 그 모습을 먼저 다루지 않고는 문제가 해결되지 않는다. 두 사람 모두 억울하다. 억울함이 지배할 때 그 기운으로 기억은 편집되고 조작된다. 상대의 말을 가혹히 평가하고 틀렸다고 외치며 가로막게 된다.

때론 시시비비 '내용'을 가리는 것도 치유를 위해 필요하지만, 우선적으로 중요한 것은 격하게 맞서는 이 '구도'를 들여다보는 것이다. 부부가 만들어내는 '방식과 과정'을 파악하는 것이다. 상담가는 두 사람이 쏟아내는 말을 충분히 경청하되 이야기 내용에 바로 개입하기보다는 **안정적으로 버텨주어야 한다.** 부부가 뿜어내는 불화의 기운을 강인하게 인내하며 두 사람을 조용히 품어내야 한다. 폭력 상황 안에서 허덕이는 **서글픈 두 영혼을 볼 수 있어야 한다.** 시시비비 내용에 대한 정리와 설명은 그다음이다. 상담가의 담대하면서도 따뜻한 권위, 치유적인 카리스마는 그렇게 유용하다.

마음이 망가진 두 사람은 자신들에게 진정으로 관심을 기울이는 상담가(심리적 리더)를 통해 변화의 에너지를 충전받는다. 다정한 양육이 시작된다. 격한 싸움, 신체 폭력, 언어폭력 상황, 싸움의 전말이 어떠했는지, 폭력 행동 이면의 심정과 하고픈 말은 무엇이었는지, 폭력이 유발하는 고통이 얼마나 아프고 무거운지 등을 상담가가 촉진적으로 질문하고 답변을 이끌어내고 포괄적으로 설명하면서 심리적 복기에 들어간다. 시간이 걸리는 고도의 작업이다. 상담가가 그 전쟁 같은 상황 속에 놓인 두 사람을 폭넓게 진정시키는 것이 중요하다. 그들은 휴식한 적이 없다. 안식한 적이 없다. 생활이 전쟁이었다. "지난주에 선생님께 상담받고 돌아간 그날 밤, 7년 만에 처음으로 통잠을 잤어요. 심지어 10시간을요. 신생아처럼 잔 거 같아요. 이런 숙면이 가능하다는 게 신기하네요."라고 말한 내담자 C씨가 떠오른다.

폭력은 삶에서 배제되어야 한다

폭력의 양태는 다양하다. 폭력에 대한 각자의 정의를 떠나 두 사람 사이에 폭력적 상황과 분위기가 조성되고 '무엇'인가가 오갔다면 불화가 유의미하게 진행되고 있는 것임을 인정하자. 두 사람이 갈등과 마찰, 분노를 조정하는 데 실패하고 있다는 신호다. 실패를 넘어 독성이 번지고 있는 것이다.

폭력 행위자가 인정하든 하지 않든 폭력은 폭력이고 고통은 고통이다. 단 한 차례의 폭력이라도 모든 형태의 폭력은 점검되어야 하며 관계와 삶에서 배제되어야 한다. 한 번 발생한 폭력은 두 번 발생할 확률이 높다. 첫 폭력이 나타났을 때(그 폭력이 어떤 양태이건) 두 사람은 각성해야 한다. 잘잘못이나 가해와 피해를 따지는 쳇바퀴에 빠져들고픈 유혹을 이겨내자. 두 사람이 만들어가는 관계의 실체와 본질을 볼 때다. 내면에 쌓여 있는, 다듬어지지 않은 오래된 본능과 거친 기운을 지금이라도 다듬고 사회화해야 한다.

자, 일이 벌어졌다면 인정하자. 나 자신이 내 생각보다 연약하고 불행하다는 것을, 나의 거친 부분을 더 늦기 전에 끌어안아야 한다는 것을 말이다. 폭력은 안 된다는 것을, 이대로는 안 된다는 것을 인정하자. 그리고 수습하자. 할 수 있는 만큼 수선하면 된다. **인생은 수선의 예술이다.**

텅 빈
내면의 소리

그 사람의 본모습은 언제 나타날까? 어떤 상황에서 그 사람의 진면목이 나올까? 한 개인의 참모습은 혹독하고 고통스러운 위기가 다가왔을 때 그 형상을 드러낸다. 실상이 드러난다. 강한 스트레스와 변화의 시기, 압박과 고난 앞에 섰을 때 그 사람의 심리적 역량이 빛을 발한다. 내공이 있는 자와 없는 자가 나뉜다. 위기에 처한 자기 자신을 구하는 내적 자기 구원self-help, self-rescue 시스템이 존재하는지 확인할 수 있는 것이다.

자신을 구하지 못하는 사람들

내면에 자기 구원 시스템, 즉 심리적 기준이 없는 사람은 스트레스와 위기 상황에서 탐닉 행동, 더 나아가 중독 행위에 빠진다. 텅 빈 내면을 불필요한 외부 것들로 채운다. 중독 행위로 자기 자신을 덮어버리고 시간을 메꿔버린다. 중독 행위로는 갈증을 해소할 수 없다. 목마름을 없애기 위해 더 많은 양, 더 높은 강도의 중독 행위를 하게 될 뿐이다. 건설적 방향과 정반대로 달리며 시간을 죽이고 현실을 회피한다.

스트레스와 위기, 고통과 슬픔이 산재한 현실을 직시하는 것은 두려운 일이다. 그래서 많은 이들은 위기와 난관이 눈앞에 닥쳐도 이를 부정하거나 외면, 회피하며 마치 위기가 없다는 듯 지낸다. "시간이 해결해 줄 거야.", "남들도 다 이러고 살아.", "유난 떨지 마."라 말하며 저절로 해결될 거라 믿는다.

그들은 고난을 촘촘히 감당해 낼 때 역설적으로 찾아오는 귀한 선물을 알지 못한다. 고난을 극복해 내는 과정에서 지혜를 얻어 강인해짐을 알지 못한다. 새롭고 단단하게 성장할 수 있는 기회를 만나지 못한다. 마음의 힘을 키우지 못하는 것이다. 외부에서 보내는 손짓과 유혹(소셜 미디어, 마케팅, 광고 등)에 미혹되고, 순간적 즐거움을 유발하는 중독 행위, 즉 현실 회피책에 '값싸게' 자신의 현재와 시간을 팔아버린다. 소중한 인생과 시간을 버리고 순간에 사라질 쾌락을 얻는다.

쇼핑 중독, 일중독, 성형 중독, 골프 중독, 파티 중독, 폭식, 알코올·마약 중독이 만연하다. 물질이나 어떤 행위에 중독된 그들은 '외부의 그것'에 강박적으로 매달리고 집착한다. 내면에 '심리적 규칙'이 없기에 위기가 닥쳤을 때 자신의 내면에서 의미 있는 정보를 생산해 내지 못한다. 자조self-help하지 못한다. 현실을 직시하지도, 분별하지도 못한다. 대신 '시간 죽이기time-killing'용 행동에 능숙히 빠져든다. 숙고와 성찰로 한 발짝도 나아가지 못한다. 현실은 그렇게 외면된다.

텅 빈 내면을 채울 수 있는 묘약은 없다

심리적 기준과 의식의 질서가 있는 사람은 소모적 행동, 탐닉 행동, 중독, 광신, 마니아적 행동을 하지 않는다. 생활과 삶의 방향, 내면이 잘 정리되어 있기 때문이다. 실생활과 현실에 숙달되어 있고 삶의 본질을 이해하기에 언제든 위기와 난관이 찾아온다는 것을 알고 있다. 고난과 위기에 봉착해도 회피하거나 외면하지 않는다. 즐거움을 쫓아다녀 봤자 결국 헛되다는 것, 아무것도 저절로 해결되지 않는다는 것, 오히려 눈덩이가 더 커진다는 것을 안다. 위기가 도래했을 때 조속히 알아차리고 의젓하게 성찰한다. 불필요한 행동을 줄인다. 그러나 짚을 건 짚는다. 내면에서 작동하고 있는 내적 자기 구원 시스템을 활용하여 **내면의 힘**을 뜨겁게 끌어 올린다.

반면, 내면에 심리적 기준이 없는 사람은 위기 상황에서 자문자답하지 못한다. 그럴 능력이 없다. 외부의 신기루에 마음을 뺏길 뿐이다. 점집을 들락거리며 내 삶을 낯선 타인에게 맡기기도 하고, 중독 행위에 빠져 텅 빈 내면에 외부의 것을 마구잡이로 쑤셔 넣는다.

가짜 만족과 진짜 만족

인간은 충만함을 원한다. 내면이 온전하게 좋은 것들로 꽉 차길 소망한다. 채워짐에 대한 이 욕구는 본능에 가깝다. 그래서 내면에 충만함이 부족하거나 빈약할 때 사람들은 **가짜 대체물**이라도 찾아 비어 있는 내면을 채우려 든다. 자기가 자기를 속인다. 이건 진짜라고, 좋은 거라고. 대체물로 허기를 채우고 기뻐한다. 가짜 충만함을 느끼고 승리했다 착각한다. 술에 취하고 명품 옷에 뒤덮여 지낸다. 운동에도 중독된다. 광신에 빠져든다. 나는 충만하고 행복하다는 허상 속에 별다른 문제의식 없이 거주한다. 중독에 나 자신을 내어준 사이 내 사랑과 책임과 돌봄이 필요한 가족, 자녀, 가까운 타인은 조용히 병들어 간다.

탐욕, 탐닉, 중독은 정신을 잠식시키는 영혼의 병이다. 텅 빈 내면의 공허한 종소리가 사방에 울려 퍼지고 있는가? 중독의 끝은 공허함과 허망 그리고 자기혐오와 피폐다. 중독으로 현실을 지우거나 이길 수 없다. 더 늦기 전에 현실로 돌아오자. 돌아와 제대로 채우자.

넋두리와
하소연

만나자마자 끊임없는 하소연과 넋두리, 험담으로 모두에게 주어진 시간을 자기 혼자 다 써버리는 친구들이 있다. S씨도 그러하다. 친구 모임에서 남편과 시어머니에 대한 험담과 넋두리를 시작한 지 어언 9년째다. 자신의 몸이 여기저기 얼마나 아픈지 하소연하며 시간을 채우는 것도 다반사다. 모임에서 다른 친구들이 남편 얘기를 꺼내면 S씨는 바로 말을 가로채며 "야, 그건 아무것도 아냐. 난 어떤 줄 알아?" 하며 다시 신세 한탄을 시작한다. 친구들이 S씨의 한탄을 듣다 듣다 "그럼 이렇게 해봐."라고 조언하면, S씨는 "야, 그건 네가 몰라서 하는 말이야. 소용없어. 내가 해보지 않은 줄 알아?"라며 또다시 하소연을 이어간다. 친구들은 점점 할 말을 잃어간다. 영혼 없는 눈빛으로 물 먹은 솜처럼 앉아 있을 뿐이다.

S씨처럼 자기 얘기만 하며 넋두리와 하소연의 방식으로 시간을 빼곡히 채우는 사람을 우리는 어렵지 않게 만날 수 있다. 그들의 넋두리 이면에는 깊은 불행감이 억압되어 있기에 이는 단순한 수다의 문제로 치부될 수 없다.

원망의 대상이 없으면 살지 못하는 사람들

넋두리의 중력은 어마어마하다. 반복적이고 만성화되는 특성이 있다. 문제를 **고착화**시키는 힘이 있는 것이다. 하면 할수록 문제는 굳어지고 화자는 거기에 가일층 옭아매진다.

해결과 성장의 관점에서 볼 때 넋두리는 변화를 거부하는 몸짓이다. 넋두리를 일삼는 사람은 그 어떤 해결책도 거부한다. '답정너'가 따로 없다. 이들이 원하는 건 진정한 해결이라기보다 원망할 대상, 그 자체일 때가 많다. 자신이 느끼는 불행 전부를 실어 올린 화살을 쏴 명중시킬 **과녁** 말이다. '나는 힘없는 피해자일 뿐이고 가해자는 상대방이기에 내 불행에 나는 책임이 없다. 내게 책임이 없으니 나는 아무것도 할 게 없다. 아니, 하지 않아도 된다.'는 의식의 흐름을 보인다.

이들이 넋두리 후 청자에게 바라는 건 객관적 의견보다 유아기적 동조, 편들기다. 그래서 반복적 넋두리를 듣다 듣다 지친 친구가 다소 객관적인 의견을 말하거나 다른 시각의 피드백을 하면 "어떻게 그렇게 말할 수 있느냐?", "나를 이해 못 해준다.", "냉정하다.", "잘난 척한다."며 섭섭한 마음을 드러낸다. 상처받았다 말하고, 분노를 드러내기도 한다. 자신은 완벽한 피해자인데, 자신을 이해하고 위로해 주지는 못할망정 충고를 하다니! 친구 사이는 소원해진다. 연락을 끊어버리기도 한다. 모두를 지치게 하는 소모적 넋두리의 사슬을 끊고 조금이라도 건강한 국면을 맞이할 순 없는 걸까?

넋두리 마니아인 나를 구하는 건 나뿐이다

넋두리 내용의 사실 여부, 타당성 여부를 논하는 것은 무의미하다. 넋두리의 디테일 속으로 들어가 낱낱이 드러내 만천하에 펼쳐내고픈 욕구 대신 '내가 왜 넋두리와 험담으로 이 시간을 채우고 있는가?'를 생각하는 발상의 전환이 필요하다. 상대에게 문제가 있다고 내가 할 수 있는 생각과 행동, 취할 수 있는 대응이 전무한 게 아니다. 넋두리로 시간을 보내는 사람은 자기 삶의 주인 자리를 타인에게 내주는 것이다. 임상심리학에서는 넋두리가 지속적으로 격심히 나타날 경우 이를 신경증으로 간주한다. 치료의 대상인 것이다. 당신이 현재 넋두리의 덫에 걸려 있다면 스스로에게 질문해 보자.

- 만일 남편과 시댁에 대한 험담, 하소연을 하지 않는다면 나는 지금 여기에서 무슨 말을 하고 있을까? 지금 여기, 나의 내면에서 어떤 생각이 올라오고 무슨 감정이 느껴질까?
- 내가 진정 두려워하고 있는 것은 무엇인가?

• 나는 지금 무엇을 회피하고 있는가?

친구, 애인, 경쟁 상대, 남편과 시어른을 포함하여 타인에 대한 이야기, 그것도 넋두리와 험담에 대부분의 시간을 쓴다면 그건 분명히 무언가로부터 회피하고 있는 것이다. 의미 없는 불평불만 뒤에 숨어서 나의 정체성, 성장과 독립 그리고 자립이라는 심리적 발달 과제를 유예시키고 방치하는 행위다. 철저하다 못해 완악해진 자기연민 뒤에 은신처를 마련하고 주저앉아 있는 격이다.

나는 누구인가, 어떤 사람인가, 무엇을 바라보며 살아가는가, 제대로 살아가고 있는가, 내가 진정 원하는 것은 무엇인가, 고통스럽지만 이제는 인정해야 할 것들은 무엇인가. 쉽게 지탄할 수 있는 타인의 불찰을 붙잡고 늘어짐으로써 내가 정작 씨름해야 하는 **나의 심리적 과제**를 외면하고 있는 것은 아닐까? 타인에게 매달리고 집착하며, 상대를 비난하고 원망하며, 비현실적인 기대와 요구만 내세우며 시간과 에너지를 허비하고 있는 것은 아닐까? 그러면서 그들보다 내가 더 나은 인간이라는 은근한 우월감, 내가 그들을 봐주고 있다는 왜곡된 관대함을 남몰래 키우고 있는 건 아닐까? 혼자 방구석 정신 승리를 하고 있는 것은 아닐까?

심리적 기회비용

성장과 독립, 자립을 외면하고 유예하며 넋두리로 시간을 채우는 행위는 결코 공짜가 아니다. 그 대가로 이들 중 상당수가 신체화somatization 증상을 겪는다. 실제로 몸이 아프다. 꾀병이 아니다. 스트레스가 심할수록 신체 기능이 떨어지고 각종 불편감과 통증, 이상 증상 발현이 격심해진다. 심신은 하나이기에 스트레스를 적절히 해소하지 못하면 몸이 반란을 일으킨다. 스트레스가 신체 증상의 원인이라는 게 아니라 몸과 마음, 사고와 정서, 관계, 생활, 삶 전체의 안정감과 균형, 통제감이 깨지면서 내가 포괄적인 불균형 속에 놓인다는 것이다. 그 불균형의 틈새로 많은 것들이 치고 들어온다.

병원에 가도 뾰족한 해법이 없고 진단명도 애매모호하다. 스트레스성이라는 진료 결과만을 듣곤 한다. 더군다나 마음과 감정 상태가 그리 불편한데도 정신건강의학과만은 가지 않는다. 온갖 다른 과에만 내원한다. 아이러니하다. 신체 증상이 발병하였다면 이에 부합하는 의학적 접근과 치료도 필요하지만 그럼에도 불편감과 증상이 지속된다면 더 늦기 전에 내 마음을 들여다보고 내적 작업을 시작하는 게 합리적인 선택이다. 안에 있는 것이 겉으로 나온다.

성숙한 삶이란 원망하지 않는 삶이다. 친구, 지인, 남편, 시어른이 문제적 성향을 지니고 있다고 해서 넋두리로 시간을 보내는 것이 정당한 것은 아니다. 볼 건 봐야 하지만 지나갈 건 지나가야 한다. 특히 자녀에게 하소연을 일삼는 엄마가 되지는 말자.

언제 경청해야 할지, 언제 멈춰야 할지, 언제 조용히 있어야 할지 그리고 언제 말해야 할지를 아는 것은 지혜로운 일이다. 모임에서 내가 말할 수 있는 시간은 기껏해야 1/n인 것을 잊지 않는 것이 성숙이다. 아무리 내 사연이 기구하고 할 말이 많아도 만나는 모든 이에게 매번 내 이야기를 쏟아내는 것은 **분별력**이 떨어지는 것이다. 타인은 당신의 관객이 아니다. 나와 함께 있는 이가 굳이 알고 싶어 하지 않는 내 개인적인 부분을 말하지 않는 자제력, 상대가 부담을 느낄 만한 속이야기를 하지 않는 절제력이 성숙이다. 성숙한 어른은 넋두리와 하소연으로 품위를 잃지 않으려 노력한다. 쉽지 않은 일이지만 가능하다.

남 탓의
늪

"선생님, 왜 저한테 이런 일이 일어나는 거죠?"

내담자 P의 얼굴에서 뚝뚝 떨어지는 절절함이 상담실 카펫에
스며든다. 인간은 자신에게 일어나는 일에 대해 이유를 묻는 습
성이 있다. 이 일이 왜 벌어졌지? 내가 왜 이런 대우를 받지? 내가
왜 지금 이러고 있지? 저 사람은 왜 내게 저런 말을 하지? 우리는
인생의 꽤 많은 시간을 인과관계를 따지고 분석하는 데 사용한
다. 합리적이건 편파적이건, 객관적이건 주관적이건 인과관계를
파고든다. 하지만 인간사에서 완벽하게 명확한 인과관계란 존재
하지 않는다. 인과관계를 파고드는 그 자리에는 비난과 책임 전
가만 난무할 뿐이다.

연인이나 부부 같은 일대일 관계에서 비난과 책임 전가 현상은
더 뚜렷해진다. 두 사람의 사랑과 의존, 기대와 좌절, 만족과 실

망, 긍정 감정과 부정 감정, 욕구 충족과 욕구불만이 오랜 세월 복잡하게 얽히고설킨다. 두 사람은 강력한 감정적 연결 고리를 갖게 된다. 친밀 관계, 애정 관계는 곧 **감정 관계**다. **감정의 상호작용**이라는 배에 탄 두 사람이 갈등 상황에서 아무리 이성적으로 냉철히 노를 젓는다 해도 갈등의 원인과 답을 찾고 거기에 합의하는 일은 대개 실패로 끝난다. 인간은 자기중심성을 벗어던질 수 없는 존재인 데다 아무리 사랑한다 해도 타인을 제대로 이해하는 건 극히 어렵기 때문이다. 인간은 상대를 인정하기보다 내 입장을 고수하는 아집을 부리는 존재다. 감정과 감정이 얽히고설킨, 상호작용의 실타래 그 끝을 찾는 것은 불가능할지도 모른다.

뒤집어씌우고 빠져나오다

난관과 좌절에 부딪힐 때 우리는 반사적으로 '좋음과 나쁨'의 이분법으로 저울질을 시작한다. '행복과 불행'으로 가른다. '나쁨', 즉 불행감과 좌절감, 실망, 환멸, 분노가 쌓였을 때 위험 스위치가 올라간다. 이 불행을 빨리 없애야 해. 어떡하지? 마음의 장부에 빼곡히 적힌 불행 리스트, 좌절 보따리를 쳐다본다. 난감하다.

그 찰나 우리는 책임을 떠넘길 사람을 찾는다. 지금 불쾌한 내 상태, 내가 느끼는 이 불행감과 분노는 내 잘못이 아니고 타인 때문이라 여기며 범인을 찾는다. 뒤집어씌울 사람 말이다. 연인 관계에서 애인 탓을 하고, 부부간에는 배우자 탓을 한다. 그렇게 상대를 탓하며 나는 빠져나온다. 그러나 현실은 우리에게 다른 걸 가르쳐준다.

자신의 불행감이나 좌절, 분노, 실망이 파트너 탓이 아니라 나도 관여된 **나의 문제**이기도 하다는 것을 깨닫는 사람에게는 새로운 길이 열린다. 상대방이 나를 자극한 건 맞지만 그렇다고 그 사람이 내 불행의 단독 주범은 아니다. 자기중심적 인과관계를 설정하는 건 무의미하다. 진실이 아니기 때문이다.

내게 일어나는 감정과 좌절의 원인이 전적으로 외부 요인일 수는 없다. 모든 것은 **상호작용**이기 때문이다. 한 인간이 한 인간에게 100%의 불행을 주는 일은 불가능하다. 너와 내가 만나 빚어내는 '그것', 즉 전체 맥락과 상호작용을 관망하는 긴 안목이 필요하다. 갈등 상황에서 파트너를 탓하고 배우자를 탓하는 한, 깨달음과 해결의 자양분은 얻을 수 없다. 인생이 옥토가 될 기회가 **박탈**된다.

애정 관계에서 책임 전가는 독이다

내 불행에 파트너를 탓하는 그 마음, 억울한 마음 자체는 일어날 수 있다. 그렇다고 하여 탓하는 마음이 정당화되는 건 아니다. 남 탓하는 행동은 자기중심적 발상이자 미숙한 행위다. 파트너에게 명백한 불찰이 있다고 해서, 애인이 내게 뼈저린 아픔을 줬다고 해서, 배우자가 성격적으로 문제가 있다고 해서 내 불행을 철저히 상대방 탓으로 돌려버린다? 문제 해결은 불가능하고 당신만 원망의 노예로 전락할 뿐이다.

난관 앞에서 내 행동과 사고방식은 점검하지 않고 상대 탓을 하며 시간을 채우고, 갈등을 부추기고 싸움으로까지 이어 나간다면, 당신은 책임 전가의 늪에 빠져 있는 것이다. 이를 깨닫는 것이 상대방의 심리적 불찰과 내 아픔을 동시에 다룰 수 있는 유일한 시작점이다. 상대도 문제지만 당신도 문제다. 다시 한번 말하지만 갈등 상황에서 남 탓을 하는 건 유아기적 대응이다. 어른의 다른 이름은 **책임지는 자**이기 때문이다.

"자기 책임을 방기하지 않으며
또한 그것을 타인에게 전가시키려 하지 않는 것은
고귀한 일이다." ― 니체

완벽한 문제 해결은
없다

문제의 완벽한 해결, 갈등의 완전한 제거, 인간의 완벽한 변화
는 있을 수 없다. 꼭 그럴 필요도 없다. 해결과 해소, 변화는 이분
법이나 흑백논리가 아니기 때문이다. 불화로 뼈아프게 상처 입은
부부는 다툼의 골이 깊고 오랜 기간 좌절감과 부정적인 정서에
눌려 살아온지라 첫 내담 시 심히 지친 상태로 내 앞에 온다. 그
들은 비관적이고 냉소적이다. 자신의 처지와 상황을 극단적 시선
으로 바라본다. "길이 없다, 방법이 없다, 죽을 때까지 배우자는
저럴 것이다, 평생 불행이 지속될 것이다." 완벽하게 한쪽으로
치우친 결론과 판단이 그들의 머릿속을 지배한다.

기대하지 않는 자의 기대

상담에 자발적으로 왔음에도 "상담을 통해 문제가 해결될 거

라 기대하지 않는다."라고 단호히 말하는 사람도 있다. 기대하고 실망함으로 발생하는 그 상처를 더 이상은 받고 싶지 않다는 마음의 표현이다. 그런데 이 말을 한 번만 뒤집어 생각하면 역설적인 말임을 감지할 수 있다. 고통의 역설이다. 그간의 고통을 이해받고 싶고 지친 마음을 달래고 싶고 더 이상 실망하지 않게 도와달라는, 신선하고 새로운 도움을 갈망하는 상처 입은 마음에서 비롯된 절규에 가깝다.

기나긴 고통의 터널 속에 장시간 갇혀 있었던 그들은 혼자만의 외로운 시간에 여전히 파묻혀 있다. 그들은 완벽한 문제 해결, 완벽한 탈출, 완벽한 행복을 갈망하고 꿈꾼다. 불행에 대한 '과잉 보상overcompensation'의 마음이 상상 속에서 쑥쑥 자라난다. 지금과는 확연히 다른 상태, 행복, 웃음…. 그러다 현실을 돌아보면 원망과 분노, 환멸과 한없는 슬픔이 밀려든다. 그래서 그간의 질긴 고통을 한 번에 보상받는 듯한 완벽한 문제 해결을 주창하고, 그게 아니면 다 무의미하다는 흑백논리에 묶여버린다. 터널 안에 홀로 오래 갇혀 있으면 심리적 고립 상태가 되고 한쪽으로 기울어진 상상에 빠진다. 비현실적인 상상과 바람에 묶일 수밖에 없다.

지금보다는 덜 고통스럽게

아픔 속 그들에게 들려주고 싶은 얘기가 있다. 문제가 완벽히 해결되어야, 문제가 완전무결하게 없어져야만 우리가 행복해지는 건 아니라는 것이다. 내가 원하는 대로 배우자가 완벽히 변화되어야, 자녀가 완벽하게 잘해야만 우리의 삶이 만족스러워지는 건 아니라는 것이다. **꼭 '그거야만' 하는 건 아니다.** 세상을 살아가는 방식은 수만 가지다. 지금보다는 덜 고통스럽게, 조금만 더 수월하게, 해결을 향한 발걸음 하나, 실낱같지만 숨 쉴 틈과 공간, 약간의 해소와 깨달음, 잠시 동안의 휴식과 진정, 1mm의 변화, 작은 실천… 이렇게 시작하는 것이다.

삶이 살 만하고 원만하게 굴러간다는 느낌은 모든 문제를 완벽하게 해결해야만 얻을 수 있는 게 아니다. 완벽한 해결을 꿈꾸기 전에 지금 눈앞의 이 악화부터 막는 것, 관계의 악순환이라는 쳇바퀴를 일단 정지시키는 것, 어제와 달리 한 번 더 생각해 보는 것, 용기 내어 문제를 마주하며 성실히 손보고 다듬는 것, 이런 현실적 어루만짐 하나하나가 자기 사랑이자 삶에 대한 겸허한 태도가 아닐까? 기대 수준을 조금만 낮추자. 나아질 수 있다. 삶은 조금만 노력하면 의외로 다정하고 살 만한 것이다.

2
다름을 수용하는
새로운 방식

타인을 깊이 사랑한다는 것은
그의 연약함과 상처, 아픔을
사랑하고 돌본다는 것이고,
상대가 자신의 취약함을 극복하기 위해
고군분투하는 가녀린 인간임을
이해하는 것이다.

상대방을
몰아붙이지 말 것

부부의 삶은 두 사람이 함께 빚어낸 시간과 역사의 산물이다. 부부는 긴 시간 상호 의존하며 서로의 욕구를 채워주는 애착 관계다. 그 속에서 두 사람은 주체이기도 하지만 객체이기도 하다. 이러한 배경 덕에 부부 관계에서 갈등을 해결하는 것은 쉬운 일이 아니다. 미세한 마찰, 사소한 스트레스, 불만, 질투는 물론이거니와 외도, 금전 사고, 실직, 건강 이상, 예상치 못한 사건과 같은 굵직한 일들도 벌어진다. 그 안에 묶인 두 사람의 충돌은 불가피하다.

이때 상처 입은 측에서 불찰을 일으킨 당사자를 몰아붙이는 일이 다반사로 일어난다. 시시비비를 따지며 상대를 압박한다. 추궁하고 궁지로 몬다. 장미의 전쟁이다.

끝까지 가지는 말자

우리 모두 모순투성이 인간일 뿐이니 갈등 상황에서 일순간 감정에 압도되어 상대를 몰아붙이듯 압박하는 모습이 튀어나올 수는 있다. 완벽한 인내, 완벽한 감정 절제, 완벽한 어른스러움은 없으니 말이다. 하지만 어떤 경우에도 상대를 몰아붙이는 건 건강치 못한 행위다. 상대가 나를 아프게 했다 하여, 내게 실망을 줬다 하여, 나를 배신했다 하여, 불찰을 저질렀다고 하여 상대를 몰아붙이는 게 정당화될 순 없다. 그 누구도 타인을 몰아붙이고 처벌할 권리는 없다. 나와 분노를, 상대방과 환멸을 애써 분리시키며 이 진실을 뼈아프게 인정할 때 진짜 어른이 된다.

갈등 상황이 발발한 초반에 휘몰아치는 분노 감정과 상대를 궁지로 몰아붙이고픈 충동에 휩쓸리지 말길 바란다. 끝까지 가지 않는 것, 이게 중요하다. 어떤 상황에서든 극단적으로 가지 않는 것은 지혜 중의 지혜요, 인내 중의 인내다. 인간이기에 참다 참다 화가 머리끝까지 날 수 있고 분노의 화산이 폭발 직전에 이를 수 있다. 좌절의 계곡이 너무나 깊어 더 이상의 인내가 불가능할 수도 있다. 그렇지만 무슨 수를 써서라도 끝까지 가지는 말자. 그전에 있는 힘을 다해 멈추길 바란다.

아무리 옳은 말이라 하더라도 몰아붙이는 분위기에서 쏟아내면 이는 공격성으로 불붙은 비난의 화살이 난사되는 꼴에 지나지 않는다. 상대 귀에 들리지 않는다. 몰아붙임이 심해져 결국 치명적인 수준까지 진행되면 그 지점에서 두 사람의 유대감은 끊어져

버린다. 마음에서 정말로 '툭' 끊어지는 소리가 들린다. 이 '툭' 소리가 나면 애정 관계는 복구하기 어렵다. 그전에 관계는 인내와 수고를 들여 보호되어야 한다.

객관성과 인내 그리고 냉정

나를 아프게 한 상대, 나를 배신한 배우자에게 당장 사과를 받아내겠다? 잘못을 깨닫게 하겠다? 용서를 빌게 하겠다? 이는 내 패배감으로 인해 과잉 보상 심리가 발현되는 것에 불과하다. 대개 실패하는 데다가 무의미하다. 상대에 대한 보복과 처벌의 의도가 너무 강한 데다 상대의 자발성과 자주성을 죽이는 것이기 때문이다. 설령 사과를 받아내도, 상대가 용서를 빌어도 감정적 피해자는 그것의 진의를 의심한다. '왜 사과를 하지?', '상황 모면용인가?' 하면서 말이다. 그 이후 더욱더 화가 나고 불신이 깊어지며 더 격하게 추궁하고 몰아붙인다. 추궁의 굴레다.

추궁과 압제는 관계를 파괴하고 구성원이 공멸하는 길이다. 관계를 파괴하거나 손상시키면서까지 우리가 얻어야 할 건 없다. 살필 건 살피고 짚을 건 짚되 관계를 파괴하지 않는 안전선 안에서 독성을 제거하는 객관성과 인내가 필요하다. 냉정을 찾자. 상대가 저지른 불찰이나 상대방이 일으킨 사건 사고(거짓말, 외도, 금전 사고 등)에 초점을 맞춰 파고드는 것보다 냉정을 찾는 것이 우선이다.

나의 반응과 대처를 살피는 지혜

나름 노력했는데 냉정이 찾아지지 않거나 상대를 몰아붙이는 행위가 장기적으로, 과하게 지속될 때는 상대를 이다지도 줄기차게 몰아붙이는 내 마음의 상태와 동기를 반드시 들여다보아야 한다. 다음 내용을 발판 삼아 성찰해 보자.

- 오래전부터 여러 사건으로 인해, 내 마음속에 이미 상당한 분노가 켜켜이 누적되어 있는 건 아닐까?
- 두려움으로 인해 미처 풀지 못하고 미뤄둔 다른 사안이 있는 건 아닐까?
- 상대에게 진짜 하고 싶은 말을 못 하고 참아온 건 아닐까?
- 우리 관계에서 해결이 어려운 어떤 본질적 문제를 정작 외면해 온 건 아닐까?
- 나의 분노 조절 시스템이 오래전부터 고장 나 있었던 건 아닐까?
- 이미 신뢰가 무너졌다는 것을 인정하기 싫은 건 아닐까?

점검하자. 상대의 불찰과 오류보다 내 반응과 대처를 살피는 지혜를 발휘하자. 내 안의 '몰아붙이기 스위치'가 올라갔다면, 민첩하게 인지하고 무조건 내리자. 내가 궁지에 몰리기 싫은 만큼 상대도 마찬가지다. 내가 용서받고 싶은 만큼 상대도 그러할 것이다.

비판을 녹여내는
심리적 용광로

비판을 들을 때가 있다. 부당하다 느껴지는 비판, 어이없는 비판을 들을 때도 있다. 비판자가 얼굴 보며 지내야 하는 사람이라면 상대방에게 내 입장에서 꼭 하고 싶은 말을 명료하고 담대하게 전달할 필요가 있다. 하지만 자기주장self-assertiveness의 적정선을 넘어 상대방의 생각을 바꾸려 시도하거나 시시비비를 따짐으로써 불화를 일으킨다면 지혜로운 대처라 하기 어렵다. 나 또한 비판자, 공격자가 되어버린다.

대신 혼자만의 시간으로 돌아와 그 비판에 대해 천천히 생각해 보는 건 어떨까? 얼토당토않은 극단적 비판이 아닌 이상, 그 비판은 내가 미처 인지하지 못하고 있던 어떤 정보일 수 있기 때문이다. 이 기회가 아니었다면 스스로는 접하지 못했을 내 모습의 일부라 여겨보는 것은 어떨까? 아프지만 말이다.

알맹이를 찾아내자

비판에서 독성을 제거하고 정제하여 알맹이만을 사용할 수 있다면 값진 레슨일 것이다. 알맹이를 만나 소화할 수 있는 강인함과 담대함이 내 안에 이미 있다면 더할 나위 없다. 강인함과 담대함은 용기의 다른 이름이다. 거꾸로, 알맹이를 소화함으로 강인함과 담대함이 내 안에 움트고 자라나기도 한다. 비판받음을 마음 상함으로만 끝내지 않았을 때 이 심리적 진실은 보람차게 당신을 찾아갈 것이다.

무엇보다 이 세상과 타인을 긍정의 시선으로 볼 수 있다면 비판 속 알맹이를 찾는 일은 좀 더 수월해진다. 건강한 사람은 낙관과 비관이 균형을 맞추고 있는 사람이다. 분명한 것은 현실적이고 희망적인 낙관이 최소한 51%는 되어야 살맛이 난다는 것이다. 그래야 너그러움을 발휘할 여지가 생긴다. 나를 비판한 상대방도 나름의 이유가 있을 것이다. 상대방이 내게 비판을 가한 의도가 명백한 악의가 아니라면 말이다.

생각과 관점, 욕구, 살아온 역사가 각기 다른 이들과 함께 어울려 살아가기 위해선 비판 앞에서도 품위를 잃지 않는 태도가 중요하다. 심리적 우아함이 필요하다. "어떻게 감히 내게 그런 말을 할 수 있어? 네가 뭐라고 감히? 네 주제에?"라며 자기애적 상처와 격노에 휩싸여 상대를 경멸하거나, "나에게 상처를 주다니 어떻게 이럴 수가 있어? 너무 억울해! 그간 내가 너무 착하게 살았어."라며 피해의식을 갖거나, "그래? 너랑 이제 끝이야. 너 이제

필요 없어."라며 상대방과 충동적으로 절교하는 선수 치기 대응
은 지양하자. 미숙한 정신 승리일 뿐이다. 그 에너지를 보다 세련
되게 사용하자. 세련된 다음 단계, 건강한 대응은 어떤 걸까?

비수를 녹이다

우리 마음은 두 개의 원으로 이뤄져 있다. 첫 번째 원은 '외부
자극을 즉각적으로 느끼는 마음'이고, 두 번째 원은 첫 번째 원을
품고 있는 큰 원으로 '첫 번째 원에서 느낀 마음을 녹여내는 마
음'이다.

외부 자극, 즉 비판이나 충격, 갈등은 첫 번째 원을 향해 꽂힌
다. 비수가 되기도 한다. 이때 첫 번째 원에서는 즉각적인 감정
반응과 스트레스 반응, 온갖 반사 반응과 위급 반응이 발생한다.
공격 태세가 될 수도 있다. 도망가 버리는 마음이 될 수도 있다.
외부 자극에 대한 동물적 생존 반응이다.

우리가 염두에 두어야 할 것은 외부 자극이 꽂히는 첫 번째 원
(상처받은 마음)을 두 번째 원이 '녹여낼 수 있는 시간'을 주는 것
이다. 외부 자극에 다친 마음, 상한 마음을 강인하고 담대한 '큰
마음'으로 녹여낸다. 이것을 **심리적 용광로**라 한다. 내면에 심리
적 용광로가 있다면 살아가면서 그만큼 든든한 것은 없을 것이
다. 이는 훈련을 통해 이뤄지는 것인지라 시행착오와 연습 그리
고 믿음을 통해 생성될 수 있다. 시간이 걸린다. 값진 것일수록
획득하는 데 시간이 걸린다.

심리적 용광로가 작동하기 전
(첫 번째 원의 활성화)

심리적 용광로가 작동할 때
(두 번째 원의 활성화)

비판을 받았다면 비판으로 상한 그 마음을 심리적 용광로로 보낸 후 녹여내자. 용광로의 스위치를 올리면 필경 그 비판은 **알맹이를 남긴다. 잘 정제된 하나의 정보로 처리된다.** 그런 뒤 강인하고 담대한 나로 의젓하게 살아가자. 상대방이 보든 말든.

자기 확신이
도를 넘을 때

자기 확신self-confidence은 중요한 심리적 자산이다. 애매모호한 삶 속 역경과 위기, 급변하는 환경 앞에서 나를 잃지 않으면서 적응해 나가기 위해선 자기 확신이 필요하다. 자신에 대한 확신이 빈약하다면 분별력을 발휘하기 어렵기에 타인의 생각에 따라 살게 된다. 타인의 욕망과 기준에 맞추며 살게 된다. 타인의 시선에 휘둘리는 삶을 살아간다. 자기 언어가 없는 것이다. 그럴 경우 훌륭한 성취를 이뤄도 그 끝에서 만나는 건 공허함뿐이다. 내가 했어도 내 것이라는 확신이 서지 않는다. 자기 확신은 폭풍우 속에서 나를 지켜주는 강력한 자산이다.

독단과 독선이 관계를 물들일 때

하지만 자기 확신이 과도할 때 문제가 발생한다. 자신에 대한 확신이 도를 넘으면 독단과 독선이 된다. 타인과 외부 현실을 무시하고 내가 옳다, 나만 맞다 주장한다. 아집과 독선, 독단이 관계를 지배하고 통제한다. 자기 확신의 변질이다. 협력과 조율, 융화는 찾을 수 없다. 또 그들은 가르치려 하고 훈계하기 일쑤다. 타인을 '내 말 듣는 사람(좋은 사람)'과 '내 말 듣지 않는 사람(나쁜 사람)'으로 나눈다. "내가 맞고 너는 틀려."의 이분법으로 상대를 밀어내는 대화를 하다 보니 논쟁이 잦아진다. 충돌과 싸움도 벌어진다. 한 사람은 지배자 위치를 스스로 점유하고 한 사람은 굴종을 경험한다. 아집에 취해 있는 사이 상대에게는 분노와 좌절이 쌓인다. 믿음과 독선은 연속선상에 있기에, 내가 조심하지 않으면 순식간에 독선으로 기울어진다.

자기 확신과 열린 마음의 균형

자기 확신만큼 중요한 심리적 자산은 **개방성**openness, 즉 열린 마음이다. 자기 확신과 열린 마음의 균형은 핵심 중의 핵심이다. 나와 다른 의견은 틀린 것이 아니고 대안이다. 감정이 얽히는 애정 관계, 부부 관계에서도 개방성이 낮고 자기 확신만 과할 때 역기능이 발생한다. 파트너의 의견, 욕구, 자유, 소망을 평가하며 재단하고 무시한다. 대화가 아닌 설득으로 시간을 채운다. 파트너를 굴복시키는 데 능하다. 나는 옳으니까 이래도 된다고, 상대를 사랑하기에 똑바로 알려주는 거라 여긴다. 이것이 상대를 무시하는 행위임을 알지 못한다.

개방성이 뛰어난 사람들은 인생의 불확실성과 애매모호함을 잘 감당하는 부류이기도 하다. '불안 감내력'이라 봐도 좋겠다. 관망의 힘을 지니고 있다. 그들은 건강한 자기 확신을 지닌 동시에 세상에 대한 열린 마음과 믿음, 외부 환경과 타인에 대한 관심, 다양성 존중, 낯섦과 이질성에 대한 인내심도 갖추고 있다. 자신이 부정확하고 틀릴 수 있다는 겸손함을 지니고 있기에 외부의 견해와 권면을 민첩히 학습한다. 섣불리 결론 내리지 않는다.

이들은 애정 관계에서 상대에게 몰입하고 헌신하고 전념하면서도 상대의 자유도 사랑한다. 상대의 특이점, 개성을 존중한다. 상대의 성향 중 나와 다른 성향이 있어도 그게 치명적인 것이 아니라면 문제시하지 않는다. 그들은 '잘 맞는다', '잘 맞지 않는다'라는 이분법적 평가와 단정에도 빠지지 않는다. 사고방식이 창의적이고 유연한 그들에게서 풍기는 여유와 이완은 주변 사람을 편하게 한다.

따라서 자기 확신을 주도적으로 발휘해야 할 때와 열린 마음으로 외부 소리에 좀 더 귀 기울여야 할 때를 분별하는 게 중요하다. 결정권과 책임감을 지니고 삶을 살아가는 것도 중요하지만 관계 안에서 다양한 타인과 폭넓게 연결되고 외부 의견을 적극적으로 수용하는 게 바람직한 상황도 많다. 받아들일 건 받아들이자. 자기 확신이 과도해 독선으로 세상을 살아가는 사람의 말로는 단절과 고립 그리고 외로움과 소외다.

원망의
심리학

부부 상담을 하며 거의 매일 만나게 되는 정서가 있다. 바로 원망이다. 한스러움, 응어리, 못마땅함과 섭섭함의 폭증 상태다. 애정 결핍감, 회한, 미움, 적대감도 폭발적으로 쏟아진다. 부부들이 짊어지고 들어와 내게 맡겨놓고 가버린 원망 보따리를 홀로 마주하며 나는 골똘히 생각에 빠진다. 원망에 대한 여섯 가지 이야기다.

- 원망은 애착 관계에서 오래된 갈등과 욕구불만이 해결되지 않고 쌓였을 때 반드시 만나는 정서다.

- 관계 안에서 일방적으로 희생하고 퍼주기만 한 사람은 중년기 이후 원망에 짓눌릴 가능성이 폭증한다. 평생 도덕적이고

모범적인 삶을 살아온 사람도 중년기 이후 원망에 압도될 가능성이 크다. 도덕적으로 살고자 많은 욕망을 절제하며 노력하고 희생한 만큼 자신이 옳고 선하다는 자긍심과 아집이 팽배해진다. 점점 '보상'을 바라는 마음과 인정받고 싶은 기대가 비대해진다. 그러다 중년의 어느 날 자긍심은 깨지고 아집은 시험에 들며 기대는 좌절된다. 바로 그 자리에 원망이 우후죽순으로 자란다.

• 원망은 원망을 낳는다. 원망을 치유하지 않고 방치할 때 인간은 쉽사리 원망의 노예가 되고 더 깊은 원망으로 빠져든다. 원망이라는 안경을 뒤집어쓴 채 시력도 떨어지고 시야도 좁아진다. 터널시야가 된다. 다른 사람의 말이 들리지 않고 외부 표지판도 보이지 않는다. 나 자체가 어느덧 원망 덩어리가 되고 가까운 상대를 향한 미움과 증오가 용솟음친다.

• 원망은 "내가 가장 피해를 입었다, 내가 가장 불행하고 고통스럽다."며 자기 연민과 피해의식을 최고치로 증폭시킨다. 타인과 대화할 때 상대가 어떤 고뇌를 말해도 "너는 나에 비하면 아무것도 아니야. 내 얘기 들어봐."라며 고통을 줄 세운다. '고통 배틀'이 습관화된다. 기실 객관성을 잃은 지 오래다. 고통을 과시하는 지경에 이른다.

- 원망감이 심해지면 말과 행동에서 적대감이 드러난다. 모든 타인이 적이다. 타인은 나를 공격하고 내게 고통을 줄 뿐이다. 이 세상에 나 혼자다. 사방이 '적'이므로 적대감은 시나브로 활성화되어 말과 행동, 태도를 통해 쉽사리 그 마각을 드러낸다. 당사자만 느끼지 못할 뿐 주변에서는 진즉에 적대감이 뿜어져 나오는 걸 다 느끼고 있다. 단지 말을 해주지 않고 알아서 피할 뿐이다.

- 원망의 반대말은 **감사**다. 원망할 일을 많이 겪었다고 세상과 인생에 대해 감사할 수 없는 게 아니다. 평상시 원망할 일, 원망할 대상이 없어서 감사의 태도를 가지고 있는 게 아니다. 원망을 일으키는 사건과 상황이 많았다고 해도 내가 방향을 잘 잡고 결단하면 감사로 옮겨갈 수 있다. 쉬운 일은 아니지만 가능하다.

비뚤어진 우월감

우리 주변에 "아이고, 내 이야기를 쓰면 소설책 한 권이야."라고 말하는 사람이 있다. 건강하지 못한 우월감이다. 더 늦기 전에 쇄신해야 한다. 지금 이 시점, 고통을 여러 사람에게 들려줄 일이 아니라 내 마음을 정리할 시점임을 인지하자.

성숙의 끝에서 우리가 만나는 나는 특별한 나, 월등한 나가 아니라 '보편적인 나'이다. 인간은 원망만으로도 비뚤어진 우월감을 느낄 수 있는 모순적 존재다.

원망하지 않는 사람

언젠가 성숙한 사람의 특징을 하나만 말하라면 무엇을 말할 것인지 질문을 받은 적이 있다. 내 대답은 "원망하지 않는 사람"이었다. 원망이 올라오려 할 때 명민하게 알아차리고 품어내어 궁극에 감사의 땔감으로 쓰는 사람 말이다. 내 원망을 내가 책임지는 것이 성숙으로 가는 길, 품위 있는 삶의 조건이다.

치명적 붕괴를
가져오는 사소한 일

"사소한 걸로 싸웁니다. 너무 사소한 거라 말하기도 뭣한데…." 아내 U씨가 굳게 다문 입을 열려는 그 순간 남편 T씨가 먼저 입을 열었다. 사소함. T씨 스스로도 싸움의 계기와 시작이 납득되지 않는 듯하다. 왜 부부는 사소한 걸로 싸우는 걸까? 물론 커다란 사건, 한 방의 펀치 같은 큰 사건으로 싸움이 일어나기도 한다. 하지만 많은 부부가 사소한 걸로 싸운다. 일상 속 사소함이 켜켜이 누적되어 어느 날 폭발에 이른다. 왜 그러는 걸까?

무한 반복되는 퇴행적 싸움

부부 싸움 대부분은 퇴행적 싸움이다. 사소한 자극에도 발끈하며 비합리적인 감정 반응이 나타나고, 시작하자마자 가속화되며, 대치와 반목으로 분열과 양극화가 일어나고, 적대감을 보이다 무기력감으로 마무리되는 싸움을 퇴행적 싸움이라고 한다. 비합리성과 과민함이 특징인 이 일련의 과정이 부부의 일상 속 사소한 사안마다 무한 반복된다. 부부는 가정이라는 공동체를 이루어 일상생활을 함께하는 관계다. 매일 해내야 하는 반복적인 일들이 존재한다. 사소하고 때론 귀찮다. 살림, 시장 보기, 주변 가족 챙기기, 육아와 교육, 고장 수리, 경제 꾸리기, 공과금과 세금 내기 등등. 거기에 나의 개인 생활, 사회생활에 이르기까지 인생 과제가 넘쳐흐른다. 사소한 일들로 가득 찬 일상에 갇힌 두 사람이 사소한 걸로 싸우는 건 어찌 보면 자연스럽기까지 하다.

누적된 감정들

부부는 크고 작은 인생 과제를 두 손 맞잡고 완성해 내야 하는 책임 관계, 책임 공동체다. 인간에게는 권리와 의무가 동시에 존재하는데, 가지각색의 의무를 이행하느라 내 권리는 밀려나는 경우가 허다하다. 이는 자연스럽게 스트레스로 쌓인다. 매일매일 작은 불편감과 짜증스러움, 불만, 욕구좌절, 원망, 황당함, 화 그리고 실망이 켜켜이 쌓인다. 이렇게 한 해, 두 해… 결혼 연차가 올라간다. 세월이 흐른다. 차곡차곡 쌓인 감정 응어리가 어느 날 환멸 지경에 이르러 폭발한다. 매일매일 쌓인 이 **누적**의 힘은 활화산처럼 강력하다. 당사자도 정확히 인지하지 못했던 이 누적물이 사소한 자극에 의해 촉발되어 폭발하는 비합리적 감정 반응의 원천이기도 하다. 사소한 걸로 싸우는 무한 루프, 부부의 과민함

기저에 깔린 스트레스와 철 지난 감정은 강력하다.

과민함의 근원적 뿌리

사소한 걸로 싸우는 부부의 무한 루프, 그 과민함의 또 다른 배경은 성장기 트라우마(애착 트라우마)에서 찾을 수 있다. 많은 부부가 여기에 해당되지만 인지하지 못하고 있다. 성장기 동안 부모와의 관계 속 아픈 경험과 부정적 감정이 긴 세월 그대로 방치되어 **미해결 과제**로 남겨진 채 내면 깊숙이 억압되어 있다가, 여러 경로를 통해, 두 번째 애착 관계이자 성인기 친밀 관계인 현재 부부 관계에 영향력을 행사하는 **밑그림**으로 작용한다. 마음, 즉 내면세계는 과거와 현재를 구분하지 못하기 때문에 이 밑그림은 언제든 성인판으로 부활되어 그 기운을 뿜어낸다.

과거와 현재가 뒤섞여 '오늘'의 사소한 자극에 발끈하고 '지금 여기' 배우자에게 비합리적인 반응을 쏟아낸다. 사소하다는 것을 알지만 그냥 지나치지 않는 것이다. 일부러 그러는 게 아니라 자동반사적으로 그리 되어버린다. 내게 있는 **오래된 버튼**이 눌렸기 때문이다. 과거부터 수없이 작동한 나만의 예민한 버튼이다. 생존하느라 만들어진 고감도 버튼이다.

사소한 걸로 빈번히 싸우는 부부는 지금 싸우게 된 이유를 넘어 근원적 뿌리, 즉 본질을 찾아가야 한다는 걸 기억하자. 사소함에서 비롯되는 지루한 싸움의 사슬을 끊고 싶다면 말이다.

발상의 전환

부부에게는 낭만적 사랑을 넘어 책임과 협력, 배려, 성실성 그리고 그 무엇보다 인내심과 너그러움 같은 심리적 자질이 중요하다. 하지만 이런 심리적 자질은 외부 환경, 사건 사고, 갈등과 위기, 부정적 감정의 영향을 받아 흔들리기 쉽다. 단기 관계, 비즈니스 관계, 연애 관계와 달리 장기 애착 관계인 부부에게는 고난도의 적응력이 더욱 필요하다. 부부 관계는 특수 관계다. 대인 관계 중 최고의 난이도를 지닌다.

사소한 일이 방아쇠가 되어 반복적으로 싸운다면, 그 사소한 것은 사소한 것이 아니고 **치명적인 것**이다. 부부의 삶에 분명한 영향을 미치고 있는 중요한 것이다. "사소한 걸로 싸운 거니까 그냥 넘어가. 심각한 일 아니야. 다른 부부들도 다 그래. 사소한 걸로 싸우는 건 예민하고 지질해서야…" 이렇게 합리화하며 흐지부지 넘길 일이 아니다. 사소한 걸로 자극되어 터져 나오는 비합리적인 반응과 다툼, 그 무한 루프를 끊고 싶다면 사소함의 프레임을 폐기하자. 사소한 것에서 촉발되어 비합리적으로 반응하는 너와 나, 사소함에도 불구하고 과민하게 흔들리는 우리의 모습을 현실로 받아들이자. 이게 너와 나의 **실상**이다.

노력하고 애쓰지만 삐걱거리는 연약한 서로에게 **연민**을 갖자. 그리고 마음의 눈을 떠 배우자의 내면에 어떤 갈망이 깔려 있는 것은 아닌지 살펴보자. **내적 갈망 안에 황금빛 열쇠가 있다.**

연약함과 취약성
끌어안기

대인 관계 갈등으로 불편감과 아픔이 발생했다는 것은 지금 무엇인가 성찰해야 한다는 신호로써 의의를 지닌다. 배움의 시간, 내적 작업의 시간이라는 걸 알려주는 종소리인 셈이다.

우리는 대인 관계 갈등이라는 렌즈를 통해 타인을 정확히 알게된다. 인간에 대해서도 배운다. 어긋남의 아픔을 통해 비로소 감정이입과 역지사지를 학습한다. 내가 몰랐던 나와도 만나게 된다. 내 그림자를 만나는 여정이 쉽지만은 않지만 더없이 필요한 조우다.

갈등 해결의 시행착오 과정에서 인간은 당당할 수 없다. 외풍이 몰아치고 내 불찰과 미숙함이 드러나 깨지는 시간이기 때문이다. 그러나 이럴 때도 계속 당당한 사람이 있다. 그들은 당당한 태도로 갈등 상황을 자기 위주로 짜 맞춰 설명한다. 듣다 보면 그럴싸하다. 그들이 이다지도 당당할 수 있는 이유 중 하나는 그들의 머릿속에 "난 특별해, 난 완벽해, 난 옳아, 내겐 아무 문제도 없어, 나는 정상이야."라는 과대한 자신감이 있기 때문이다. 잘난 나, 특별한 나에 도취되어 있다. 성찰은 없다. 그야말로 위험한 태도다. **성장과 성숙은 역설적으로 나의 나약함과 부족함을 만나 인정하고 수용하는 지점에서 시작된다**는 걸 그들은 알지 못한다.

자기애에 취하다

평상시는 물론이거니와 갈등 상황에서도 지나치게 당당한 것은 자기 자신의 **의義**에 취해 있기 때문이다. 자기 자신의 특별함에 취한다. 적당한 자신감, 적절한 자기 확신이 아닌 자기도취, 즉 **자기애**narcissism가 그 사람을 집어삼킨 상태다.

자기애란 1899년 독일의 정신과 의사 파울 네케Paul Näcke가 만든 용어다. 이후 지그문트 프로이트가 정신분석학 안에서 이 개념을 설파했다. 인간에게 뿌리 깊게 자리 잡은 특성 중 하나인 것이다. 자기 자신을 특별한 존재로 여기며 자기도취에 빠지고 자기중심적인 사고방식에 매몰된 사람들은 자신의 능력을 과대평가하고 외부로부터 특별 대우를 원한다. 자신의 우월함에 일말의 의심도 없다. 타인의 비판이나 이견을 받아들이지 못한다. 쉽게 격노한다. 그들에게 대인 관계 갈등 상황은 전적으로 상대방의 잘못과 미진함, 열등함에서 비롯된 것이다.

모든 인간은 취약하다

인간과 인간은 언제 어떤 상황에서 무엇으로 인해 깊이 연결되는가? 언제 사랑이 깊어지는가? **애착 관계는 사랑 공동체인 동시에 고통 공동체다.** 밝은 사랑, 좋은 모습, 즐거움, 풍족함, 성공 경험만으로는 사랑이 단단해지지 않는다. 내 아픔과 네 아픔을 함께 나눌 때, 내 나약함과 네 나약함이 드러날 때 그것을 서로 안아주는 너와 나. 그 자리에 깊은 연결, 즉 사랑이 찾아온다. 마음속 가장 깊은 곳에 묻혀 있는 상처와 아픔, 그 사연을 드러내고 함께할 때 진정한 공감과 연민이 꽃핀다. 어른들의 의젓하고 우아한 사랑이다.

취약하기에 더욱 깊어지는 연결

심리학에 **취약성**vulnerability이라는 개념이 있다. 대학원 재학 시절 이 개념을 처음 만났을 때 신기하게도 나는 자유함을 느꼈다. 잊을 수가 없다. 그건 취약함이었구나. 내게도 취약함이 있지. 잘못이 아니었어. 취약함을 드러내도 되는구나. 갑옷을 벗어도 되는구나. 취약함을 감춘 채 질주하고 있었구나. 좀 쉴 수 있겠구나.

그리고 결혼을 했다. 결혼 후 남편과 딸이 보여준 넘치는 사랑과 인내는 내가 내 취약함을 있는 그대로 드러내고 스스로 포용할 수 있게 받쳐주고 또 받쳐주었다. 그들은 **타인의 취약함을 문제시하지 않는 태도, 끌어안는 태도**가 어떤 것인지 내게 여실히 보여주었다. 너그러운 사랑을 실천했다. 부족한 나를 성실하게 사랑

해주었다.

타인을 깊이 사랑한다는 것은 그의 잘남과 멋짐을 사랑하는 게 아니다. 그의 연약함과 상처, 아픔을 사랑하고 돌본다는 것이고 상대가 자신의 취약함을 극복하기 위해 고군분투하는 가녀린 인간임을 이해하고 그 고뇌를 함께 절감한다는 의미다. 그 자리에 깊은 사랑과 애착이 뿌리내린다. 신뢰도 깊어진다. 서로의 사연을 함께한 시간 속 깊은 신뢰는 무심한 세상을 헤쳐 나갈 수 있는 용기를 준다. 취약한 나를 드러낼 수 있는 관계, 연약함을 포장하지 않아도 되는 관계, 상처와 아픔을 위로받을 수 있는 다정한 관계에서 인간과 인간은 깊이 **연결**된다.

우울한 현실주의,
나쁘지 않아

제자 Y가 소파에 깊이 몸을 묻는다. 얼마간의 시간이 흘렀을까, Y가 입을 열었다.

Y 선생님, 요즘 약간 우울하달까요, 기분이 저조합니다. 그렇다고 일상에서 일을 하지 못한다거나 그런 건 아니고요, 할 일을 하긴 하는데 뭔가 기분이 처지고…. 이거 큰 문제죠?

김 큰 문제라는 생각이 드나요?

Y 기분 좋은 게 좋은 것 아닌가요? 그게 정상 아닌가요? 기분이 가라앉으면 '아, 이거 큰 문제다!'라는 생각이 들어서 빨리 벗어나야 한다는 강박관념이 생겨요. 그런데 뜻대로 안 돼요. 항상

밝은 사람들, 우울하지 않은 친구들을 보면 부러워요. 저는 가끔 기분이 가라앉거든요. 친구들은 저에게 침착하고 신중하다, 믿을 만한 사람이다 말하지만, 오늘 기분으로는 저의 그런 면들도 별로로 느껴지네요. 침착하고 신중하면 뭐 하나 싶어요.

김 그런 날이 있죠. 머리 위로 낮게 검은 구름이 낀 날처럼 말이죠. 음, 같이 생각을 좀 해보면 좋을 것 같네요. 방금 말한 것처럼 기분이 좋은 것은 좋은 일입니다. 그렇다 하여 기분이 좋은 게 우리가 추구해야 할 집중적 방향이나 몰입점이라 할 순 없습니다. 기분은 좋을 수도 나쁠 수도 있어요. 인간의 기분은 이분법으로 나눌 수 없는 오묘한 세계죠. 기분의 심리학 한 가지를 알려드리자면, 기분이 약간 가라앉고 저조한 상태가 오히려 자연스럽고 일반적인 상태라는 겁니다. 조금 처지고 가라앉은 듯한, 울적한 상태를 베이스라인으로 보는 것, 나쁘지 않아요. 약간의 우울과 슬픔, 종종 찾아오는 저조한 기분은 보편적 인간에게 찾아드는 자연스런 감정 흐름이에요.

한 가지 더 희망적인 것은, 제가 지금 말한 다소의 우울감은 인생을 깊이 있게 살아가는 데 오히려 도움이 된다는 것입니다. 우울한 사람이 그렇지 않은 사람보다 자기의 역할, 능력과 통제력을 훨씬 더 객관적이고 정확하게 지각하고 파악하지요. **현실성**을 갖추고 있다는 의미예요. 우울한 이들이 보이는 이런 정확한 지각을 **우울한 현실주의**depressive realism라고 합니다. 심리학자들이 실험을 통해 입증한 개념이에요. 세상을 살아가는 데 현실성과 정확성은 아주 중요한 가치라고 저는 생각해요.

Y 아, 그런가요? 정말 새로운 이야기예요! 약간의 우울함이 오히려 자연스럽다니요. 그것이 자신을 제대로 파악하고 세상을 바라보는 데 도움이 될 거라고는 전혀 생각을 못 했습니다.

김 전혀 우울하지 않은 사람들, 항상 밝고 당당하고 진취적인 사람들은 우울한 사람들보다 자신의 통제력, 능력을 과장되게 지각하는 경향이 있어요. 현실을 냉정하게 직시하거나 객관적으로 고려하지 못해요. 현실을 무시하고 외면하면서 내가 맞다, 내 뜻대로 다 할 수 있다고 생각하지요. '과장된 통제감'입니다. 그래서 그들은 섣부르고 무책임하게 행동할 때가 많아요. 그러나 다소 우울한 사람들은 상황을 정확히 인지하고 자신의 능력과 통제력을 현실적으로 평가하죠. 그래서 현실적으로 사고하고 분별하며 실행해요. 무리를 하지 않지요. 오히려 실수도 적어요.
  성숙이란 **객관적이고 현실적인 어른이 되어가는 것**이라고 저는 생각해요. 그런 의미에서 우울한 현실주의자들이 유리한 면이 있어요. 그들은 자신의 생각도 중요하지만 외부 현실을 잘 관찰하고 정확하게 이해하는 것, 객관적으로 파악하려는 태도가 어쩌면 더 중요할 수 있다는 걸 알고 있지요. 그래서 겸손해요. 편파적이지 않고 쉬이 들뜨지 않아요. 저는 우울한 현실주의자들에게 애정이 많아요. 하하.

Y 그들의 또 다른 특징이 궁금합니다.

김 그들에게 어울리는 말이 있어요. 외유내강입니다. 그들이
내적으로 강한 이유는, 인생의 절반을 차지하는 슬픔과 우울을
두려워하거나 거부하거나 무시하지 않고 있는 그대로 인정하고
그것과 함께 나아가는 방법을 터득했기 때문이지요. 역설적으로
그들에게 인생은 오히려 그다지 우울한 게 아닙니다. 또 그들이
외유내강인 이유는 자기 성찰을 잘하기 때문이에요. 내적 작업을
하다 보면 우울과 슬픔의 감정이 생길 수밖에 없는데, 그들은 그
것을 마다하지 않고 내적 작업을 하며 자기에 대해 폭넓게 알아
가는 여정을 멈추지 않습니다. 자기를 정확히 알아가고 돌보는
과정 속에서 우울과 슬픔은 오히려 자양분이 되죠. 자기self도 단
단해져요. 세상을 바라보는 눈이 깊어지고 거기에서 의미와 보람
그리고 감사를 느끼지요.
    우울한 현실주의와 대조되는 개념으로 '긍정적인 환상positive
illusion'이라는 개념이 있어요. 아동기나 청소년기에는 긍정적인
환상이 정상 발달에 필요하기도 해요. 하지만 어른이 되어서도
긍정적인 환상을 떠나보내지 못하고 여전히 붙잡고 있다면 그 사
람의 삶은 삐걱거릴 수밖에 없어요.

Y   우울한 현실주의와 우울증은 다른 건가요?

김   아주 좋은 질문입니다. 다릅니다. **우울증은 질환이에요.** 일시적인 우울과 달리 우울증은 전반적인 정신 심리 기능이 지속적으로 저하되어 일상생활에 악영향을 미칩니다. 우울증으로 인해 일상생활 영위가 어렵고 대인 관계도 망가지고 있다면 전문가에게 치료받아야 합니다. 우울증이 발병하면 우울 증상에 압도되어 세상을 객관적으로 바라볼 수 없습니다. 현실을 비관적으로 해석하며 왜곡하고 자기만의 결론을 내버리죠. 극단적입니다. 자기 비하와 무가치감도 부적절하게 깊어집니다. 우울증은 전문가에게 꼭 **치료**받아야 합니다.

Y   선을 넘지 않는다면 우울한 기분이 무조건 나쁜 게 아니지만 우울증과의 차별점은 꼭 기억하고 있어야겠어요. 적당한 우울인지 아닌지 가늠하는 것이 중요하단 걸 오늘 배우네요.

김   스스로 어느 정도 가늠할 수 있다면 좋지요. 다행입니다. 나 자신이 일상생활을 양호하게 영위하는지, 루틴이 제대로 돌아가고 있는지 잘 관찰하는 게 첫 번째입니다. 기분이 항상 좋다면 그것도 아주 건강한 것은 아니에요. 그건 기분이 좋은 것이라기보다는 들뜬 상태, 흥분 상태일 수 있어요. 의심해 봐야 합니다. 기분은 다스리는 것입니다. 내가 내 기분보다 큰 존재가 되면 됩니다. 그러기 위해서 내가 무엇을 좋아하는지, 어떨 때 마음이 가벼워지는지 어떤 활동에 몰입이 잘 되는지 알고 있는 게 매우 중요해요. 내가 좋아하는 사람, 마음이 건강한 사람과 가까이 지내고 좋아하는 물건을 가까이 배치해 놓는 것도 도움이 됩니다. 기분 좋은 상태에 집착하지 말고 현재의 기분을 관망하면서 소화해 내면 됩니다. 기분은 매일매일 다스리며 관리하는 것이랍니다. '하루 관리'라는 목표와 기준을 세우는 게 좋습니다.

상자에서
나오기

    관계는 어렵다. 특히 부부 관계는 여타 관계들과 차원이 다른 난해함을 지닌다. 긴 시간, 수많은 내담자를 만나 관계 속 실패와 고뇌, 아픔을 파고들며 다루는 나에게도 관계는 여전히 어렵고 늘 새롭다. 내가 임상심리전문가로 활동하다 부부 상담 전문으로 특화된 활동을 시작한 것이 2002년 봄부터이니 지금까지 짧지 않은 시간 동안 한 우물을 판 것인데, 관계의 어려움과 의미 그리고 인생의 깊이 앞에 늘 겸허해질 수밖에 없음을 고백한다.

    관계의 아픔에 처한 내담자를 매일매일 만나며 한 사람의 마음이 하나의 우주임을 또한 절감한다. 뼈저리게 아프고 난해하지만, 우리의 눈앞은 아직 안개로 가려져 있지만 나는 어렵사리 내 앞에 온 내담자의 손을 맞잡고 용기 있는 발걸음 하나를 내디뎌 본다. "길이 있다"는 신념이 있다, 내게는. 험난하고 불완전하지만 그 자체로 충분히 괜찮고 온전히 아름다운 길 말이다. 상처와 아픔을 품어낸 가장 인간적인 길이다.

우리가 겪는 많은 문제는 결코 완벽히 해결될 수 없다. 인간 자체가 불완전하기에 우리의 사고와 판단도 불완전하고 자기 자신을 완벽히 아는 것 또한 불가능하다. 상대를 완벽히 아는 것도 불가능하고 상대를 내 욕구에 따라 통제하는 것 또한 가능하지 않다. 설령 상대를 내가 원하는 대로 통제하고 움직인다 하더라도 이는 결국 부작용만 남길 뿐이다. 관계는 기형화되고 끝내 공멸한다.

관계의 난관과 삶의 난제 앞에서 '정답을 찾겠다.', '완벽히 해결하겠다.', '문제를 없애겠다.'처럼 나와 내 힘, 내 뜻을 내세울 일이 아니다. 오히려 나의 불완전함을 알게 된 지점에 겸허히 감사할 일이다. 내가 얼마나 나 자신에만 갇혀 있는지, 세상을 배움의 장으로 받아들이기보다 싸움의 대상으로만 보고 있는 것은 아닌지, 성장을 위한 건강한 씨름이 아니라 나만을 내세우는 완악한 싸움을 하고 있는 것은 아닌지 되돌아보고 깨닫는 자세가 우리에겐 필요하다. 깨달을 때라야 '나'라는 고집스런 상자에서 나올 수 있을 테다.

어떤 상자 속에 갇혀 있는가

상자 안에서는 늘 소용돌이가 치기 마련이다. 사방으로 막혀 있지만 그 상자가 당사자에겐 세상이자 우주이기 때문이다. 고통스럽고 지치고 슬프고 비참하고 화나고 복수하고 싶고 폭발할 것 같은 마음이 오랜 기간 지속될 때, 해결하려 나름 온갖 시도를 하였으나 성과가 없을 때, 이때 당신은 당신의 상자에 갇힌 것이다. 생각보다 훨씬 오래전부터 이미 당신의 고집스런 상자 속에 갇힌 걸 수도 있다.

상자에 갇혀 있을 때 당사자는 자신이 상자에 갇혀 있는지 모른다. 상자를 세상 전부라 여긴다. 그걸 모른 채 상자 안에서 생각하고 결정하고 행동한다. 외부 현실을 고려하지 못한 결정과 행동으로 인해 악순환이 반복된다. 상처를 또 받는다. 자신만의 상자에 갇혀 있을 때 이를 깨닫고 그 뚜껑을 열 수만 있다면, 고개만이라도 내밀 수 있다면 새로운 서사가 시작될 것이다. 바깥세상은 수많은 이야기를 들려준다.

상자의 뚜껑을 열고 고개를 내미는 일이 쉬운 일은 아니다. 고집은 고집일 뿐이지만 고집스런 당신에게 그 고집은 어쩌면 당신의 오래된 벗이었고 당신을 지켜준 정체성이었을지 모른다. 하지만 이제는 달라져야 한다. 교착상태라는 상자에 갇혀 있다면 말이다. 상자에 갇힌 자기 자신을 더 이상 홀로 내버려두지 말길 바란다.

현실을
받아들이다

천고가 높고 모던한 레스토랑이 마음에 쏙 들었다. 오랜 친구 C를 기다리는 이 시간이 상쾌하다 느낄 즈음 옆 테이블에서 갑자기 들려오는 세 사람의 목소리가 내 귓가를 넘어 높은 천고에까지 닿고 있었다.

"내가 받아들여야지, 뭐."

"그래, 그냥 받아들여."

"아니, 그걸 어떻게 받아들일 수가 있어?"

그녀들의 감정은 각기 다른 상태인 것 같았다. 포기하듯 말하는 그녀. 그녀 곁에서 어루만지듯 말하는 친구 1과 당사자 대신 분노하는 친구 2가 있었다. 옆 테이블의 그녀들, 아니 우리 모두는 알고 있다. 받아들이는 것이 말처럼 쉬운 일이 아니라는 것을, 무척이나 어렵고 때론 불가능하다는 것을! 나 혼자 그렇게 생각에 잠겼을 그때 C가 내 이름을 부르며 다가왔다. C와 나는 오늘도 둘만의 아기자기한 우정의 세계로 입장했다.

받아들일 수 없는 것

'받아들이기'가 말처럼 쉽지 않은 이유는 뭘까? 우리가 받아들여야 하는 '그것'은 받아들이고 싶지 않은 것, 여간해서는 받아들일 수 없는 것이기 때문이다. '나'를 위협하는 것이다. '그것'은 지금까지 내가 살아온 방식, 옳다며 붙잡고 있는 가치관과 기준을 흔든다. 지금까지 해오던 방식으로는 해결되지 않는 상황, 사건, 사람…. 우리는 받아들이기 쉬운 것, 저절로 받아들여지는 것에 대해서는 받아들인다는 말을 쓰지 않는다. 받아들인다는 것은 받아들일 수 없는 것을 받아들인다는 뜻이기에 그렇게도 어려운 것이다.

받아들인다는 것은 내 뜻과 생각, 판단, 기대, 예측, 의도, 계획이 부서지고 깨졌다는 것을 인정하는 것이다. 내가 오류일 수도 있다는 걸 인정하고 나를 내려놔야 한다는 의미다. 현실은 내 생각과는 다르다는 걸 인정하는 것이다. 그러나 우리는 현실을 정확히 인지하기보다는 마음에 들지 않는 현실을 부정하고 끝까지 저항한다. 합리화하고 왜곡한다. 위기 상황, 문제를 일으키는 사람, 내 뜻대로 되지 않는 사람을 탓하고 비난하고 책임 전가하며 고집을 부린다. 완고한 시선, 완악한 마음이다.

하지만 이내 그런 저항과 자기중심적 노력이 무의미하다는 걸 깨닫는다. 내가 원하지 않는 그 현실이 어제보다 더 분명하게 눈앞에 버티고 있기 때문이다.

내 뜻대로 움직이지 않는 남편, 마음에 들지 않는 아내, 갈수록 실망스런 결혼 생활, 용납할 수 없는 가치관의 시대, 불만족스런 아이의 성적, 내가 원하는 길이 아닌 다른 길을 가겠다는 자녀, 질병, 정신질환, 가족의 건강 문제, 이혼을 요구하는 배우자, 못 마땅한 내 외모와 노화, 궁핍한 경제 상황, 상사의 질타, 사업 실패, 부도, 사기, 계속 좌절되는 취업의 문, 갑작스런 사고…. 우리가 도저히 받아들이기 어렵고 수긍조차 되지 않는 사건, 상황 그리고 사람들…. 현실은 그렇게 내 기대에서 거듭 어긋난다.

넉넉히 품거나 접거나

받아들인다는 것은 피할 수 없는 현실 상황과 **싸움을 그만둔다**는 의미다. **이 모두가 내 삶**이라 선언하는 것이다. 더 이상 거부하지 않고 적응해 나가겠다, 품어내고 수용하겠다는 뜻이다. 내 뜻대로 되지 않는 환경과 상대방을 더 이상 바꾸려 하지 않겠다, 문제시하지 않겠다는 결단이다. 변화시킬 수 없는 것을 변화시키려는 집착을 접는다는 의미다. 내 갈망과 아집, 만족을 내세워 현실을 왜곡하거나 상대를 꺾는 자기애적 고집을 더 이상은 부리지 않겠다는 결단이다. **지혜로이 체념하는 것**이다. 그래야 마음의 감옥에서 풀려나 세상과 넉넉히 섞일 수 있다.

현실을 받아들이면 너와 나 사이에 끊임없이 발생하던 갈등 상황이 잠잠해진다. 너와 나를 둘러싼 공기가 진정된다. 고요도 깃든다. 인지적 여유, 정서적 여유가 생기면서 마음에 신선한 바람이 불어온다. 타인 그리고 세상과 새로운 관계 맺기가 가능해진다. 소모적 싸움을 멈췄기 때문이다. 받아들이면서 내가 넉넉해지고 넉넉해진 그릇 속에서 내적 상처들도 아물어간다. 마음의 통증이 옅어진다. 그전에는 보이지 않던 새로운 길이 보인다. 변화란 넉넉히 수용하고 적응한 후에 그 결과로 받게 되는 선물이다.

받아들이는 방법

현실을 받아들이는 것은 긴 과정이다. 의젓하게 받아들이기 위해 다음을 기억하자.

- 받아들이는 것은 어려운 일임을 받아들이자.
- 받아들이고 싶지 않은 마음을 부정하지 말자.
- 받아들이고 싶지 않은 마음 자체를 편안히 드러내자.
- 충분히 슬퍼하자. 눈물을 참지 말자.
- 받아들이는 과정에서 발생하는 상실감을 견뎌내기 위해선 시간이 걸린다는 것을 이해하자.
- 받아들인 후 일정 시간이 지나면 내가 예전에는 생각하지 못한 좋은 것, 새로운 것이 다가올 것이라는 기대와 희망, 믿음을 갖자.

받아들이는 것은 적극적 행위이자 성숙한 결단이다. 변화의 시작점이다. 삶에 새로이 적응하는 과정이다. 어른스럽게 자립하는 행위다. 마음은 그렇게 진화한다. 현실을 받아들이며 의젓하게 적응해 나갈 때 얼마 후 당신의 손에 좋은 무화과 열매가 쥐여져 있을 것이다.

부부,
두 사람의 대서사

부부 관계는 참으로 어렵다. 어려운 게 맞다. 두 사람이 처음 만나 낭만적으로 구애하며 황홀감과 충만감, 합일감에 빠져 있을 때는 결혼 생활이 이다지도 어려울지 상상하지 못한다. '아, 이 사람이다!'라는 흥분성 환희에 서로에 대한 탐색의 시기, 성격 검증의 시기를 축소시키거나 슬쩍 건너뛰기도 하고 쫓기듯 다급하게 결혼으로 돌진하는 커플도 있다. 알고 보면 그다지 중요하지 않은 취향 몇 가지만 같아도 서로 운명이라고 확신하며 들뜬다. 부부로서 융화를 위해 정작 중요한 영역은 살펴보지 않고서 말이다.

결혼 후 시간이 지나면서 두 사람은 부딪친다. 갈등과 실망, 분노와 환멸을 불러일으키는 사건들이 일어난다. 배우자의 뚜렷한 불찰로 관계가 망가지기도 하지만, 어느 한쪽이 유달리 잘못한 것도 아니고 최선을 다하였는데 부부 생활에 먹구름이 드리워지기도 한다. 부부 관계는 관계 난이도 중 최고 난이도를 보인다.

한배에 탄 생활공동체

각자 집으로 돌아가는 연애 관계와 달리 한 지붕 아래 생활공동체인 부부는 함께 살며 눈에 보이게 또는 보이지 않게 상호 묶여 있다. 한배에 탄 것이다. 법으로도 묶여 있다. 둘은 함께하기에 즐겁기도 하지만 서로를 피할 수도 없기에 상황에 따라 불편감이나 마찰도 일어난다. 친밀함과 독립의 딜레마다.

장기 애착 관계인 부부는 결혼 후 3~4년쯤 지나면서 낭만과 열정이 서서히 사그라들기 시작한다. 현실의 의무, 구속, 제약이 두 사람을 꽁꽁 동여맨다. 결혼은 서로의 삶과 일상을 책임지는 '책임 관계'이기에 연애와 달리 무거울 수밖에 없다. 남다른 결속력이 요구된다. 나의 사랑받을 권리를 포함하여 내가 누리고 싶은 각종 권리보다 상대에 대한 배려와 공동체 일원으로서 의무가 두드러지는 날이 허다하다.

부부는 연인 관계와 달리 서로에게 차원이 다른 의존을 발생시킨다. 서로에게 끼치는 영향력도 남다르다. 겉과 속, 안과 밖, 표면과 이면, 모든 것이 뒤섞인다. 이 때문에 부부로 살면서 나를 감출 수는 없다. 나의 연약함, 부족함, 취약성, 수치심, 치부라 여기는 부분, '내 본질'을 감출 수 없다. 많은 부부가 자신의 본질이나 배우자의 본질이 드러났을 때 이혼을 선택하기도 한다.

부부는 결혼할 만큼 서로를 사랑하는 사이고 깊은 부분도 공유하기에 거꾸로 서로를 가장 아프게 할 수 있는 관계다. 나도 모르는 마음속 감정 스위치, 고통 스위치를 배우자가 누를 수 있다. 의식적이든 무의식적이든 나를 가장 아프게 하는 법을 배우자는 알고 있다. 격한 감정 상태가 되면 배우자는 나의 그 스위치를 눌러버린다. 그 주제, 그 표현, 그 단어로, 그 시절 그 이야기로 말이다. 내 능력에 대해 저리 말하다니! 내 부모님에 대해 저리 표현하다니! 나에 대해 제일 잘 아는 배우자가 나의 결정적 부분을 건드리다니! 배우자에 대한 애정이 미움과 원망으로 바뀐다.

그런데 일상은 계속된다. 내일 시댁에 가야 한다. 이런 와중에 장인어른의 전화가 걸려온다. 아이가 우리를 부른다. 새벽 6시에 출근해야 하는데, 다투다 보니 새벽 1시다. 연애 때와는 달리 서로의 감정 스위치가 올라간 상태에서 각자 자기 집으로 돌아갈 수도 없는 현실이다. 우리의 보금자리가 오늘은 원망스럽다. 기껏해야 안방을 거부하고 혼자 응접실 소파에서 잠을 청한다. 소파에 누워 눈을 감으니 이 집의 대출금이 머리를 내리친다. 이래저래 복잡하고 난감하다.

결혼과 연애는 난이도가 다르다

결혼은 연애의 연장이 아니다. 결혼과 연애는 차원이 다르다. 연애와 차원이 다른 부부 관계의 난이도를 정확히 파악하자. 고난도라는 것을 인정하고 마음의 준비를 하자. 당황하지 말자. 차분하고 냉정한 자세로 겸허히 임하자. 충분히 관찰하고 꾸준히 씨름하며 인내심으로 견뎌내자. 체험을 통해 연마되는 현실적인 주인의식을 장착하자.

부부 갈등은 쉬이 돌아가는 길도, 마법의 길도, 자동 해결의 길도 없다. 직면해 씨름할 수밖에 없다. 씨름하며 시행착오도 겪을 것이다. 그러나 결국 성실한 씨름 속에서 깨달음과 함께 해결의 실마리를 발견하게 될 것이다. 긴 호흡이기에 궁극의 보람도 크다. 긴 호흡 속 인내와 배움으로 무엇과도 비교할 수 없는 성장을 얻게 될 것이다.

결혼이 주는 선물, 우리의 대서사

삶은 순간과 순간이 연결된 거대한 스토리다. 그 스토리는 굴곡이 있어 쉽지도 않고 때때로 고통스럽다. 하지만 어떤 상황에서도 보람과 가치가 있다. 인간은 구속 안에서 성장하고 관계 안에서 공동체로 진화한다. 그 스토리의 해피 엔딩에 집착하기보다 순간과 순간, 그 과정에 참여하자. 서로에게 참여하자. 나의 삶처럼 배우자의 삶을 응원하자. 그 열띤 과정 속 각종 체험이 인생의 기쁨이고 삶의 보람이다. 과정 속 체험이 나를 만든다. 퍼즐 조각처럼 이어 맞추고 모자이크처럼 촘촘히 만들어가자. 두 사람의 사랑이, 부부애가 그걸 가능하게 한다.

삶의 탁월함은 저 끝의 결과만으로 한 컷에 정해져 버리는 게 아니다. 과정에서의 체험 그리고 너와 내가 관계 속에서 하루하루 엮어낸 서사 그 자체로 입증된다. **대서사가 있는 부부가 가장 행복하다.** 내가 배우자와 함께 하루하루 쓴 서사가 내 마음의 내용을 만들고 나라는 한 인간의 구조를 세운다. 배우자도 마찬가지다. 배우자의 마음의 내용과 구조에도 내가 아로새겨져 있다. 서로 소중하다. 진정한 자존감은 이런 구조와 내용이 튼튼할 때 얻어지는 즐거운 부산물 아닐까? 긴 시간 함께함으로 인해 힘 있게 만들어지는 부부 공동의 자존감은 외풍을 거뜬히 견디게 도와준다.

부부가 상부상조하며 둘만의 서사를 담대히 써 나갈 때 삶은 단단해지고 생기가 넘친다. 대서사 속 그 견실함이 자녀에게 건강히 대물림되리라. 배우자와 함께 한 지붕 아래에서 오손도손 살며 얻어지는 그 결실에 감사할 뿐이다. **내 곁에서 나를 참고 견딘 배우자의 노고와 사랑에 경의를 표한다.** 긴 세월을 함께한 부부가 힘 있게 살아낸 시간으로 아로새겨진 두 사람의 대서사! 결혼과 부부애, 그것에 어울리는 기쁨과 보람의 결실, 영광의 결실을 기대하며 우리 모두를 축복한다.

성격 차이
넘어서는 법

성격 차이? 자주 듣고 쓰는 말이다. 특히 부부 갈등이나 이혼 사유를 말할 때 성격 차이라는 표현을 거의 모두가 사용한다. 무엇이 어떻게 차이가 난다는 것일까? 성격이 차이 나지 않으면, 차이가 덜 나면 부부 갈등도 줄고 이혼도 줄어들까? 당신은 배우자의 성격을 정확하게 규정할 수 있는가? 아니, 나 자신의 성격에 대해 제대로 알고는 있는가? 성격 차이, 그 실체와 진짜 의미는 무엇일까? 성격 차이라는 표현이 심리적으로 유용한 개념이기는 한 걸까?

성격을 객관적으로 이해하려는 시도는 한 개인이 살아가는 방식과 그 사람의 본질을 깨달아가는 과정이다. 배우자의 성격을 관찰하고 파악하고 이해하는 것은 배우자가 어떤 방식으로 세상을 살아가는지 아는 것이며 배우자의 인간적 모습과 본질에 한 걸음 가까워지는 길이다. 상대방의 일관된 패턴, 즉 성격을 파악함으로 내가 상대에게 보다 잘 적응할 수 있고 상대를 배려할 수도 있다. 상대방에 대해 예측할 수 있기 때문이다.

하지만 부부가 장기적인 애착 관계를 잘 유지하고 가꿔 나가기 위해 배우자의 성향과 성격만 알면 그걸로 충분할까? 상대의 성격이 나와 어느 부분에서 잘 맞고 어느 부분에서 차이가 나는지 파악하면 그걸로 된 것일까? 상대의 성격을 얼마나 깊이, 어느 선까지 파악해야 하는 걸까? 어느 만큼의 기간을 정해놓고 파악해야 할까? 그게 가능하기는 한 걸까? 한 인간의 성격을 파악하는 내 능력을 신뢰할 수 있을까? 원만하게 사는 부부들은 성격 차이가 없어서일까?

성격 프레임을 사용하는 이유

혹시 내가 배우자를 성격이라는 상자 안에 가두고 마음대로 편리하게 판단하는 건 아닌지 자문할 필요가 있다. "그 사람 성격은 나와 너무 차이가 나. 그 사람은 성격이 나빠. 성격장애 아냐?"라며 배우자에게 성격이라는 프레임을 씌워 편리하게 비난하는 것은 아닐까? 배우자의 성격을 객관적으로 파악한 후 하는 말이 아니라, 배우자 때문에 내가 화났을 때, 배우자와 이견이 생겼을 때, 배우자가 내 뜻대로 움직이지 않을 때 문제적 성격의 배우자, 성격 차이라고 싸잡아 비난하며 그 뒤에 숨어버리는 건 아닐까? 입으로는 성격 차이라 말하지만 그 이면에 진짜 속내와 핵심은

'비난하는 마음'이 아닐지 돌아볼 일이다.

무엇이 성격 차이라는 높고 두꺼운 벽을 넘어서게 할 수 있을까? 서로 좀 달라도 분열이 아닌 함께함을 만들어가는 방법은 없는 걸까?

마음의 눈

해답은 아픔을 보는 눈에 있다. 상대의 내적 아픔을 보는 마음의 눈이다. 성격 차이라는 클리셰에 얽매여 있는 우리, 쉽사리 편협한 비난을 해버리는 **우리가 잃어버린 것은 아픔을 보는 눈이다.** 한 인간의 본질에 다가간다는 것은 상대의 아픔을 이해하는 것이다. 상대방의 마음 깊이 묻혀 있는 아픔이 무엇인지, 드러내지 못한 고통이 무엇인지 볼 수 있는 눈이 있다면 한 인간의 본질에 다가갈 수 있다. 상대의 아픔을 느끼고 거기에 공명할 때 외로운 인간과 인간은 진정으로 연결되며 그 유대감은 세상 풍파도 견디게 도와준다.

설령 성격이나 성향에서 차이가 나더라도 그 다양성과 이질성을 문제 삼지 않는 것, 포용하는 것, 상대를 수긍하며 그의 방식을 배워보려는 자세가 중요하다. 부부가 따뜻하고 다정하게 함께할 수 있는 이유는 상대의 아픔을 보는 마음의 눈 덕분이다. 그 눈으로 상대의 아픔을 헤아릴 수 있기 때문이다. 상대의 아픔을 통해 그의 본질적 모습을 보지 못한다면 갈등 상황에서 반목과 싸움을 반복할 수밖에 없다. 마음의 눈을 감았기 때문이다.

이제 그만 성격 차이라는 프레임을 내려놓고 마음의 눈을 뜨자. 내적 작업을 시작하자. 새로운 길을 열어보자. 새로운 길 위에 뜻밖의 해결이 찾아온다. 완전무결한 해결이 아닌 온전한 해결 그리고 배우자와 함께 웃을 수 있는 해결 말이다.

성격은 장기적인 관계, 소중한 관계를 맺어가기 위해 반드시 검증되어야 하는 중요한 축이다. 하지만 내가 내 마음대로 정의한 성격이라는 프레임에 상대를 가두고 재단하는 심리적 무례함을 범하고 있는 것은 아닌지 생각해 볼 일이다. 상대의 아픔을 보자. 그리고 내 아픔을 보여주자. 이것을 이루어낸 부부는 가히 위대하다고 말할 수 있다.

상대의
서운함

상대가 나로 인해 서운하다고 해서 그것이 곧바로 '내가 뭔가 잘못했다'는 의미는 아니다. 상대가 서운하다 할 때, '상대가 왜 그런 감정을 느끼는가?', '나의 어떤 행동으로 인해 느낀 감정일까?' 생각해 볼 필요는 있으나, 그걸 이내 '내가 잘못했다, 내가 나쁘다'로 귀결시키는 것은 자책감과 위축감만 일으킨다. 주변 자극에 쉽사리 압도당하거나 휘둘리는 내 불안일 수 있다. 갈등과 불화, 부정적 감정에 대한 불안이나 공포가 큰 것일 수 있다. 상대를 항상 만족시키는 착한 사람이어야 한다는 강박관념일 수도 있다. 상대가 의식적이든 무의식적이든 내게 죄책감을 일으켜 자신이 원하는 대로 나를 조종하려는 사람이라면 한층 조심할 필요가 있다.

소중한 관계라면 상대가 서운함을 호소할 때 점검하는 건 바람직하다. 대화를 나누며 서로를 새로이 이해하는 계기로 삼는 게 좋다. 그러나 이런 점검이나 숙고 없이 "나는 상대를 실망시켰어. 상대가 나 때문에 힘들어. 상대가 나를 싫어할지도 몰라. 나는 나쁜 사람이야."라고 결론 내버리는 건 지양하자. 내가 나를 단죄하는 것은 스스로를 채찍질하는 것에 불과하다.

자책이라는 습관

상대가 불만을 호소할 때 곧바로 내 잘못이라고 귀결시키며 자책하는 사람, 즉 자동으로 자신을 채찍질하는 사람은 왜 그러는 것일까? 상대에게 정당하게 자기주장을 하거나 감정을 표현하고 상대의 부당성을 알려주는 것보다는 그냥 자기 자신을 아프게 하는 것이 쉽고 익숙하기 때문이다.

불편한 갈등 상황을 조급하게라도 끝내는 게 낫다. 차라리 참고 삭히는 게 편하다. 내 잘못으로 빨리 결론 내버리고 갈등은 없는 걸로 치는 게 낫다. 자기주장은 매우 위험한 일이고 해서도 안 된다. 이는 상대에게 상처를 주거나 상대를 화나게 하는 일이다. 상대에게 맞춰야 한다. 참자. 계속 참자….

이렇게 해야만 상대에게 계속 사랑을 받을 수 있다 여기는 걸지도 모르겠다. 그들의 자아 경계와 자기 보호막은 어떤 상태일까? 그럴 수밖에 없는 개인적 역사와 성장기 경험이 짙게 깔려 있기에 이 패턴은 당사자도 모르는 사이 자동반사적으로 튀어나오고 반복된다.

서운함에도 종류가 있다

상대가 서운함을 호소하는 것은 알고 보면 상대의 **의존성** 또는 **통제 욕구**에서 비롯된 것일 수 있다. **상대의 문제**라는 것이다. 서운함을 빈번히 호소하는 사람은 몸도 많이 아프고 잘 운다. 목소리도 풀이 죽어 있을 때가 많다. 이런 모습은 당신에게 죄책감을 불러일으킬 것이다.

상대는 통제 욕구 때문에 당신의 모든 걸 알려 하고 간섭과 침입도 일삼는다. 이들의 무의식 안에는 상대방을 조종하려는 잠재 욕구가 내재되어 있을 때가 많다. 상대방을 자신의 뜻대로 바꾸려는 마음, 자신의 만족을 우선시하는 마음이 작용한다. 상대가 욕구와 프라이버시가 있는 주체적 존재임을 망각하고 나를 위해 존재하는 수단이라 여긴다. 그런 사람의 마음 안에는 아이러니하게도 **버려짐에 대한 공포, 이별 공포**가 자리 잡고 있다. 버려질까 봐, 혼자 남을까 봐 두려워서 상대를 통제하고 조종하려는 것이다. 하지만 당사자는 이를 인식하지 못한다.

며느리에게 계속 서운하다 말하는 시부모. 한숨 쉬고 삐지고 토라지고 한순간 냉담한 얼굴이 된다. 어쩜 그럴 수 있냐며 우신다. 내가 살면 얼마나 사냐며 자식이나 며느리에게 강력한 죄책감을 유발한다. 죄책감에 눌리는 사람은 입을 닫을 수밖에 없다. 사죄의 말씀을 드릴 수밖에 없다. 합리성, 객관성, 전후 상황 설명 다 무용지물이다. 시부모의 눈에 며느리는 그저 공격자, 가해자, 매정한 자, 이기적이고 못된 자이기 때문이다.

그런 관계 구도에서 눌리는 자는 미안하다는 말을 반복할 수밖에 없다. 미안함의 감정으로 누군가의 곁에 장기간 머무르는 것은 고통스러운 일이다. 미안함의 감정이 과도할 때 자부심은 부식되고, 애정과 관심 또한 자연스럽게 식어버린다.

고단했던 당신을 놔줄 것

상대의 감정과 생각도 존중되어야 하지만 그렇다고 내 감정과 생각이 무시될 순 없다는 것, 상대가 정당할 수도 있지만 부당할 수도 있다는 것, 나도 늘 잘못만 하는 사람은 아니라는 것, 타인이 웃을 때까지 만족시킬 의무는 없다는 것, 나를 버리지 않으면서도 상대와 융화할 수 있다는 것, 상대의 의견을 경청하는 것이 중요한 만큼 필요에 따라 내 의견을 드러낼 수 있어야 한다는 것, 진정한 어른의 관계란 비교적 균등하게 맞물려가야 한다는 것⋯. 인생 학교에서 평생 학생인 우리는 배움을 멈출 수 없다. 타인에 대한 배움도, 나에 대한 배움도 말이다. 예의를 갖춰 내 의견을 전달했는데 상대가 거부하거나 분노 반응을 보인다면 그건 명백히 상대의 문제다. 상대는 균등한 상호관계를 원하는 게 아니다. 그런 사람에게 건강한 교류를 기대할 순 없다. 상대의 서운함을 해소시키기 위해 고단했던 당신을 이제는 놔줄 때가 되었다.

서운함에 갇힌 자

매사 서운한가? 주변에 나를 서운하게 하는 사람들이 많은가?

나의 선함과 사랑이 보답받지 못하고 있다 느껴지는가? 서운함의 감정이 강렬하다면 바로 이때, 오히려 당신의 내면을 점검하자. 상대로 인해 자극된 것일지라도 '내 서운함, 내 감정'이라면 나 스스로 아픔을 견디는 법을 터득해야 한다. 내 서운함이 의외로 자기중심적이고 과할 수 있다는 것, 내가 상대에게 바라는 것이 과도히 많을 수 있다는 것, 그 가능성을 생각해 보자.

내 서운함을 내가 처리하고 소화한 후 객관적인 방식으로 메시지를 전하는 법을 배워보는 건 어떨까? 상대에게 죄책감을 유발시키지 않으면서 내 소망과 의견을 전달하는 능력을 키워야 함을 깨닫자. 내 안의 것을 타인에게 떠넘기지 않는 법을 배우고 실천할 때 의젓한 어른이 되는 것이다. 관계에서 발생한 모든 감정을 상대에게 알리거나 꼭 상대와 함께 해소하려는 태도도 지양하자.

경계를 긋다

우리 모두는 각자의 삶에서 고군분투하는 존재다. 신생아마저도 자기 자리에서 최선을 다하고 있다. 누가 봐도 상대에게 분명하고 반복적으로 또는 의도적으로 서운함과 아픔을 주는 사람이 아닌 이상, 일정 부분의 **서운함은 관계의 기본 값이다.**

당신도 하루하루 고군분투하는 보통 인간이다. 갈등과 오류가 발생하고 상대가 당신으로 인해 서운함을 느낀다 하여 자책감에 빠져 자신을 단죄하거나 가혹하게 다루지 말자. 상대의 말을 일단 경청하고 반응을 보류하자. 전체 상황을 복기하고 점검하며 숙고하자. **네 문제와 내 문제를 구분하자. 경계를 그어보자.** 그 후 상대에게 다가가고 싶은 만큼 다가가면 된다. 그마저도 꺼려지면 거리를 두고 쉬어도 그만이다. 그리고 얼마간의 시간이 지난 후 다시 관찰하자. 나를, 그리고 상대를.

이 세상에서 내 마음을 지속적으로 억누르고 할퀴면서까지 지켜야 할 건 없다. 정성을 기울이되, 스스로 입을 막고 자신을 학대하면서까지 무리하지는 말자. 너와 나의 경계를 구분하는 것, 그 구별의 힘이 궁극적으로 모두를 보호하는 길이다.

싸움의 자리를
옥토로

잦은 부부 싸움 끝에 나를 찾아온 남편 P씨와 아내 W씨는 성실히 부부 상담을 이어가고 있다. 그들이 상담을 통해 거두고 있는 심리적 열매가 참으로 귀하다고 여기던 어느 날, P씨가 머리를 매만지며 입을 열었다.

"선생님, 부부 사이에 싸움을 하는 게 건강한 건가요? 싸움을 하지 않는 부부가 건강한 건가요? 아, 상담 이후 저희는 격한 부부 싸움이 없어져서 너무 좋아요. 요즘 진짜 살 만하다 느껴져요. 아내에게 고맙고요. 그런데 지금은 아니더라도 앞으로 살면서 언제든 다툼이 벌어질 수 있다고 생각하거든요. 물론 부부 상담 전에 저희가 했던 그런 문제적 부부 싸움은 당연히 반복되면 안 되겠지만요."

W씨가 미소를 지으며 이야기를 이어간다.

"어젯밤에 이걸로 대화를 나누다가 결론을 내리지 못하고 잠이 들었거든요."

부부의 눈이 동시에 반짝였고 내 눈도 덩달아 반짝였다.

부부 사이에 싸움을 하는 게 나은 것일까? 싸움을 하지 않는 게 건강한 것일까?

부부는 문제 해결 공동체다

부부간에 싸움은 하지 않는 게 좋다. 싸움은 문제 해결 방식 중 공격적인 해결 방식에 속하기 때문이다. 실제 싸우는 동안 문제의 본질에 직면해 생산적인 해법을 논하는 커플은 없다.

싸움이 불가피하게 일어났을 경우에는 초반에 조속히 상황을 마무리 지은 후 각자 숙고의 시간을 가져야 한다. 싸움을 일으킨 배경을 볼 수 있어야 한다. 싸움이 발생했다는 건 두 사람 사이에 어떤 '사안(문제)'과 '마음 상함(감정)'이 기실 있다는 뜻이다. 객관적이고 이성적으로 살피고 수선하며 해결해야 할 사안과 서로 드러내 나누고 해소해야 할 감정 응어리가 존재한다는 뜻이다. 분명한 것은 싸움이라는 방식을 통해서는 결코 사안이 해결되거나 마음 상함이 해소되지 않는다는 것이다.

지금은 소모적인 싸움을 할 때가 아니라 조율과 해결을 위한 전략을 생각해야 할 때다. **냉철함을 잃지 않으면서도 이해의 폭을 넓히는 대화, 자기주장과 자기표현을 하는 동시에 충분한 경청도 해야 하는 시간임을 깨닫자.** 그래야 서로의 상한 감정도 헤아릴 여지가 생긴다.

부부간에 평균적 마찰이나 일회적 싸움을 넘어 **반복적인 싸움판**이 벌어지는 것은 병이다. 언성이 높아지고 감정적 말과 행동이 이어지면서 싸움의 시간이 길어지는 것은 위험하다. 상대에게 모멸감을 안겨주는 말과 표정, 태도와 행동이 반복되는 것 또한 서로에게 지울 수 없는 상처를 남긴다.

반복되는 싸움판 속 두 사람, 안타깝지만 갈등 해결에 실패한 것이다. 이를 인정하고 외부의 신선한 개입을 모색해야 한다. 이때 부부 두 사람의 편 가르기를 가일층 조장할 가능성이 있는 사람(부모나 가족 포함)은 배제한다. 부부가 실패를 인정하지 않거나 알맞은 외부 개입을 모색하지 않을 경우 싸움판은 더 질기게 반복될 수밖에 없다. 문제 해결은 고사하고 관계 공동체로서의 의미와 기능은 쇠패한다.

중요한 것은 방식과 양상

부부 싸움을 하느냐, 하지 않느냐 여부를 이분법으로 나누는 발상은 사실 무의미하다. 중요한 것은 부부간 마찰이 발생했을 때 **서로를 대하는 방식과 양상**이다. 다음 요소들을 자명하게 갖추고 있다면 위해한 부부 싸움이다.

- 대화를 시작한 지 3~5분 만에 가속화된다.
- 주기적으로 반복된다. 주기가 짧을수록 더 위험하다.

- 싸움이 시작되고 진행되고 마무리되는 일련의 패턴과 방식, 흐름이 늘 비슷하다. 그래서 싸움이 흐지부지 종료되고, 이후 허무함과 지루함도 느낀다. 무의미한 분노의 왈츠를 추는 느낌이다.
- 폭발이라 이름 붙일 만한 감정 분출이 일어난다. 소리를 지른다. 언어적 학대가 반복적으로 발생한다. 물리적, 신체적 폭력이 1회 이상 발생했다(폭력은 한 번이라도 나타났다면 위험하다.).

이런 특징이 나타난다면 두 사람 간의 불화는 위험 수위에 다다른 것이다. 싸움판이라는 박스에 갇혀 옴짝달싹할 수 없다면 두 사람 모두 하얀 수건을 던지자. 손에 든 무기를 내려놓자. 같이 항복하자. "우리 둘만의 힘으로 이 **악순환의 고리**를 끊는 것은 불가능하다."는 걸 깨닫자. 무기력한 현실을 인정한다는 것은 나의 한계를 받아들이는 것이기에 어른스러운 태도다. 그 자리에서 타인의 도움도 구할 수 있다. 도움을 구하는 마음가짐은 생존을 위해 필수적이다. **건강한 의존**이다. 현실 부인reality denial과 현실 왜곡만큼 문제를 복잡하게 만드는 건 없다.

싸움의 자리를 옥토로 만드는 법

첫째, 마음이 상하거나 화가 났다고 해서 배우자와 맞붙어 싸울 게 아니라 무조건 마음속 브레이크를 걸자. 스스로 마음이 상하고 화난 상태라는 걸 인지한 후 감정을 가라앉히는 시간을 가지자. 단 3분이라도 괜찮다. '순간적으로라도 멈출 것'을 추천한다. 심호흡도 도움이 된다. 그 후 대응하는 것이 바람직하다. 화는 분풀이로 쏟아내야 할 감정이 아니라 내가 내 그릇에 담아내 정화시켜야 하는 감정이다. 마구잡이 활화산이 되어버리면 위험하다. 너도나도 화상을 입는다.

둘째, 문제를 해결할 수 있는 생산적 대화가 잘 이뤄지면 그 이후에 감정을 어루만지는 대화가 뒤따르기 마련이다. **인지적 여유**가 생겼기 때문이다. **문제 해결과 감정 치유**라는 두 마리 토끼를 잡을 수 있다. 우리는 이걸 회복이라고 한다.

셋째, 부부가 다툰 후 흐지부지 넘어가는 일이 누적되면 위험하다. 싸움이 마무리된 이후에 **사과**가 이어져야 한다. 이때 섣부른 사과, 다급한 사과보다는 진정한 죄책감과 반성에서 비롯된 사과여야 한다. 사과 단계가 실행되지 않으면 문제의 개선이나 변화는 기대하기 어렵다.

갈등을 극복하는
능력

싸움을 한 번도 한 적이 없다고 말하는 커플은 둘 중 하나다. 첫 번째 부류는 성숙한 친밀감을 획득하고 안정적인 애착과 교류 방식이 확립된 커플이다. 갈등 상황에서 공격적인 방식이 아닌 건강한 대화로 문제를 다루고 서로의 상한 감정을 어루만지는 부류다.

이들에게 갈등은 부정적인 것이 아니라 서로에 대해 잘 알게 되는 기회이자 사랑을 단련하는 장이 된다. 갈등이나 마찰, 이견 앞에서 도망가지 않는다. 긴장되고 두렵더라도 견뎌낸다. 상대에 대한 믿음도 견고하다. 두 사람이 알아서 잘한다.

두 번째 부류는 갈등 공포, 갈등 회피 커플이다. 오래된 문제가 해결되지 않은 채 방치되고 있다. 미해결 이슈와 관련된 부정적 감정이 쌓여 있다. 이에 대한 언급이나 직면 없이 외면하고 회피하며 서로 등 돌린 두 사람, 즉 도망가는 커플을 말한다.

싸울까 봐, 감정이 폭발할까 봐, 상대가 내게 화낼까 봐, 헤어질까 봐, 감당하기 힘든 현실을 직시하게 될까 봐…. 이런저런 두려움 때문에 문제 상황 앞에서도 눈을 질끈 감고 "남들 다 그래. 다 이러고 살아. 언젠가는 해결되겠지."라며 합리화해 버린다. 갈등 상황을 축소하거나 회피하고 합리화하는 동안 문제는 눈 덩어리처럼 커지다가, 나중에 감당하기 어려운 지경에 이르면 폭탄이 되어 터진다.

갈등 회피 커플은 겉보기에는 별문제 없이 평범해 보일 수도 있다. 타인의 눈에는 행복해 보이기까지 한다. 그러나 그것이 껍데기라는 걸 당사자들은 안다. 두 사람이 암묵적으로 공모하여 서로 모른 척하는 것이다.

미세한 금

허니문은 신혼여행 또는 신혼 시절을 일컫는 말이기도 하고 커플 관계 초반을 의미하기도 한다. 애착 관계 초반에 두 사람이 낭만적으로 들뜬 상태에서 가장 이상적인 자아, 가장 이상적인 짝의 이미지를 각각 자신과 상대에게 투영하여 서로에게 완전히 빠져 있는 상태다. 너와 나의 일체감으로 한껏 부풀어 있는 상태다. 이때 갈등이나 현실적 걱정거리는 없다. 오로지 너와 나의 합일, 특별함만이 가득할 뿐이다.

그러나 3개월 정도 지나면 둘 사이에 미세한 금이 가기 시작한다. 이견이 발생하고 갈등이 시작된다. 보편적인 현상이지만 당사자들에게는 충격이다. 이 시점이야말로 중요하다. 현실과 실상이 그 모습을 드러내며 내려앉는 시점이다. 현실과 실상이 두 사람에게 안착할 수 있을까?

연애 3개월 후 또는 신혼기에 두 사람은 이견을 맞춰 나가고 갈등을 해결하려는 노력을 시작하고, 시행착오 속에서 **두 사람만의 융화 방식**을 터득해 간다. 성공 경험이 필요하다. 어떤 상황에서도 애정과 신뢰를 바탕으로 두 손을 맞잡고 갈등을 해결하겠다는 마음가짐이 중요하다. 그렇게 **성공 경험의 아카이브**를 만들 때 두 사람 사이에 갈등 공포가 들어설 자리는 없다.

진정한 친밀감은 갈등을 극복한 관계에서 얻어진다

처음부터 친밀감만으로 100% 채워진 관계는 없다. 그런 관계를 원한다면 하루빨리 허상임을 깨닫자. 그리고 심리적 진실을 받아들이자. 사랑하는 능력 안에는 **갈등을 극복하는 능력**이 포함되어 있다. 갈등을 극복하고 화해하여 **상대방을 되찾는 능력**은 친밀감의 절정이다. 타인일 뿐인 너와 내가 만나 사랑을 기반으로 인내하고 상호 조율하며 새로운 세계를 창조해 내는 것, 그 안에서 함께, 때론 홀로 마음껏 유영하는 것이야말로 친밀한 관계의 축복이다.

갈등은 두려움을 유발한다. 하지만 두렵지 않다. 갈등은 위험해 보인다. 그러나 위험한 게 아니다. 적절히 그리고 충분히 다룰 수 있는 인간사의 일면이다. 회피하지 말자. 회피도 반복하면 습관이 된다. 진정한 친밀감은 갈등을 극복한 관계에서 오롯이 얻어지는 선물이다.

자녀,
성인이 되다

성인 자녀를 둔 부모들이 자녀 이슈로 내담하는 경우가 있다. 연애 중인 자녀 커플을 내게 보내거나 자녀와 부모가 동행하거나 부모만 방문하는 등 다양하다. 부모 입장에서 자녀의 연애에 대해 여러 가지 고민이 들고 걱정을 하는 건 자연스런 일이다. 그런데 자녀의 연애 상대가 부모의 마음에 들지 않을 경우, 문제는 복잡해진다.

자녀의 연애로 상담가인 나를 찾을 정도의 고민과 어려움에 봉착한 경우가 아니더라도 우리 주변에 많은 부모들이 자녀의 연애에 걱정을 넘어 간섭하고 통제한다. 자녀의 연애가 자녀만의 연애를 넘어 온 가족의 문제로 번진다. 이견을 조율하지 못하고 부모와 자녀 사이가 상하는 일이 허다하다.

강압의 성취 그리고 대가

자녀의 애인이 마음에 들지 않는 수준을 넘어 너무 싫어서 분노에까지 이르는 부모들이 있다. 이때 부모들은 대개 "헤어져! 절대 결혼은 안 돼!"라고 강압적으로 명령하며 개입한다. 협상의 여지도 없다.

이는 건강하지 못한 폭압이다. 부모 자녀 관계를 망가뜨리고 자녀의 마음에 평생 지워지지 않는 상처가 새겨진다. 아울러 성인으로서 도전정신, 자율성과 선택권을 박탈당한 좌절 경험으로 남겨진다. 자녀의 내면에 큰 상처가 남는 것을 넘어 성인으로서 의젓하게 살아가는 데 필요한 심리적 자질, 도전정신과 결정 능력, 자주성에 멍이 든다. 그 애인과 연애를 지속하든 부모 뜻에 따라 이별하든 말이다.

지혜로운 대응

부모 입장에서 자녀의 연애 상대가 마음에 들지 않을 수 있다. 그러나 자녀에게 강압적으로 "헤어져라.", "절대 결혼은 안 된다."와 같은 결론의 말, 거친 명령조는 무조건 삼가야 한다. 결론과 단정 전에 부모가 자녀를 도울 수 있는 것들이 많다는 걸 기억하자. 자녀의 연애 상대에 대한 모욕적인 품평, 험담과 평가절하, 인신공격 그리고 "엄마는(아빠는) 걔가 너무 싫다!"는 식의 혐오 감정 표현을 삼가야 한다.

자녀가 성인이 되어 타인을 사랑하는 감정이 생기고 타인을 선택하는 연애 라이프를, 그 모험을 시작한 것 자체를 우선 축복하고 응원하는 게 중요하다.

자녀에게 애인의 어떤 면이 좋은지 열린 질문을 하자. 자녀의 이야기를 들어주는 시간이 선행되어야 한다. 이때 끼어들거나 평가하지 말고 인내심을 가지고 경청하자. 자녀에게 "네 입장에서 이러저러한 면이 좋고 소중하게 느껴질 수 있다."라고 인정한다. 그 연애 상대를 인정하라는 말이 아니라, 자녀의 마음에 가닿은 '그 면모'를 수긍하는 것이다.

그 후 "이야기 들려줘서 고마워. 네 마음을 조금 더 알게 되었네. 엄마가 미처 몰랐던 부분이 많구나. 조심스럽지만 이제부터 엄마의 생각과 느낌을 말해도 될까?"라며 부모 당사자의 의견과 생각을 표현한다.

이때 "엄마는 ○○ 부분이 좀 염려가 되네. 그 이유는 ○○해서야. 또 ○○ 부분도 좀 생각해 봐야 하는데, 엄마의 경험상 그것은 ○○한 경우와 연결되기 때문이지. 엄마와 네 생각이 좀 차이가 나지? 서로의 경험, 살아온 시간, 각자 원하는 것도 다르니 충분히 그럴 수 있지. 시간을 갖고 생각해 보자. 한 사람을 만난다는 건 그 사람의 삶도 끌어안는 것이고 그 사람의 삶 전체에 헌신하는 거야. 서로가 상대방의 삶에 녹아들 수 있는지가 중요해. 그리고 무엇보다 네가 다치지 않는 관계일지, 덜 다치는 환경일지가 중요해."와 같이 마음을 나누는 대화를 이어가자.

자녀와 한 번에 대화를 다 끝내고 결론을 도출하려 하지 말자.

어느 정도 대화 후 자녀에게 시간을 주고 며칠 후 다시 2차 대화를 시도한다. 자녀도 부모도 감정을 소화하고 생각을 정리할 시간이 필요하다. 아울러 자녀의 연애 상대가 마음에 들지 않는 이유, 즉 '인간에 대한 내 기준'에 대해 다시 한번 되돌아보는 시간을 꼭 가져보자.

- 나는 왜 이런 기준을 가지게 되었는가?
- 이 기준이 절대적인가?
- 내가 그렇게 절대적 정확성과 합리성을 지닌 인간인가?
- 내가 자녀와 심리적으로 적절히 분리되어 있는가?

믿음과 응원이 필요할 때

자녀도 이제 성인이다. 스스로 선택하고 도전할 권리가 있다. 부모가 보기에 미숙하고 무모해 보일 수도 있지만 그게 치명적인 것이 아니라면 부모는 한 걸음 뒤에 서 있는 게 맞다. 그래야 자녀가 성인으로서 건강한 시행착오를 온전히 겪어낼 수 있다. 그 경험을 발판 삼아 안목을 키우며 성장하는 것이다. 그 기회를 박탈하지 말자. 부모가 거칠게 결론을 내리고 밀어붙이면 자녀는 부모 말을 듣는 것 같아도 그 순간일 뿐 결국 부모에게 사실을 은폐하거나 거짓을 말하게 된다.

부모가 자녀의 연애와 결혼에 관심을 기울이고 어느 정도 의견을 개진하는 것은 이상한 일이 아니다. 건강한 사랑의 발로라고 볼 수도 있다. 그러나 그 과정에서 통제와 간섭, 부모의 편견과 욕심이 폭압적으로 발생한다면 이는 그야말로 불행의 서막이 열리는 것이다.

누가 보더라도 심리적으로 위험하고 치명적인 연애라면 부모가 사랑과 지혜, 강인함과 단호함으로 개입해야 한다. 자녀와 충분한 논의, 깊은 대화가 이뤄질 필요가 있다. 그러나 헤어지는 게 마땅하다고 해서 부모 마음대로 결정 내리고 권력을 휘두르는 것은 이런 경우에서도 지양되어야 한다. 자녀의 삶에서 당사자보다 부모가 앞서갈 때 그 부작용은 매우 크다.

결론만큼 과정이 중요하다. 어떤 상황이든 부모와 자녀 사이에서 경험된 감정의 기억은 강력하다. 어떤 경우에도 자녀에게 부모의 판단과 결론을 거칠게 주입하지 말자. 부모는 자녀에게 믿음과 응원을 보내고 격려할 뿐이다.

자녀에게 덜 상처 주며 대화하는 법

자녀의 연애 상대를 부정하고 거부하는 부모의 경우, 자녀와 대화할 때 한층 더 섬세한 주의가 요구된다. 부모 마음 안에 이미 부정적인 감정과 소정의 결론이 자리하고 있기 때문이다. 그 무엇보다 자녀에게 덜 상처 주는 방식을 택하는 것이 중요하다. 부모에게도 자녀에게도 지금 이 시간이 과도기라는 걸 기억할 필요가 있다. 자녀 마음에 무엇을 남길 것인가? 자녀가 객관적으로 자신의 상황을 바라볼 수 있게 돕는 부모의 자세는 무엇인가?

- 대화 시작 전에 부모는 '내 의견을 관철시키겠다.'와 같은 마음가짐을 접는다. 그렇지 않으면 대화는 부모 위주로 흘러가 버리고 강요와 공격의 시간으로 전락할 뿐이다. 자녀는 마음의 문을 닫게 된다.
- 자녀의 이야기를 적극적으로 경청하는 동시에 자녀의 표정, 시선, 몸짓과 같은 비언어적인 표현에도 관심을 기울인다.
- 대화 시 커다란 인내가 필요함을 잊지 않는다.
- 대화를 나누는 동안 연애 또는 결혼의 당사자, 즉 주인공은 자녀임을 잊지 않는다. 부모가 주인공, 감독, 각본, 각색을 맡으려는 마음은 독이 된다.
- 대화 시 자녀의 연애 상대가 아니라 **자녀의 삶**에 초점을 맞춘다. "네 애인이 ○○해서 안 된다"는 식의 언급은 건강하지 못하다. 자녀의 반감만 산다. 대신, 자녀의 삶에 초점을 맞추고 자녀가 가고자 하는 인생에 그 애인이 부합되는 가치관을 가지고 있는지, 서로 인간적인 발전을 도울 수 있는 사이인지에 초점을 맞춰 대화를 이끌어간다. 이러한 대화는 **열정적인 사랑이 객관화되는 과정을 돕는다.**
- 결국 자녀가 결정해야 함을 잊지 않는다. 부모의 입으로 결론을 말하지 말자. 부모는 큰 울타리와 마지노선을 안내할 뿐이다. 그 안에서 자녀가 심사숙고할 수 있게 분위기를 조성하자. 자녀 스스로 결론을 만들어가도록 격려하자. 그리고 기다려야 한다. 그렇지 않을 경우 종국에 자녀는 부모가 자

신을 좌지우지했다, 통제했다며 응어리를 지니게 된다. 뒤늦게 이 응어리가 터지면서 충동적으로 행동하거나 떠돌이 마냥 방황할 수 있다. 자녀의 마음에 한을 남기는 부모가 되지 말자. 부모 자녀 관계를 망가뜨리면서까지 지켜내야 할 것은 없다.

자녀가 선을
긋는다면

선배 언니가 대학생 아들에게 이런저런 조언을 했다. 아들에게 도움이 될 만한 제안을 했고 방향도 제시했다. 엄마의 말을 끝까지 조용히 경청하던 아들의 대답은 한 줄이었다고 한다.

"네, 참고할게요."

부모가 성인 자녀에게 집착과 간섭을 보이고 조종하려 할 때 거기에 휘말리는 자녀도 있지만 적절하게 선을 긋는 자녀도 있다. 두말할 필요 없이 선을 긋는 자녀가 건강하다. 그러나 자녀가 선을 긋지 못하게 하는, 즉 자녀의 자립을 저지하고 방해하는 부모가 많다. 그들은 자녀를 향한 간섭과 통제를 사랑이라 주장하며 자기중심적 언행과 잘못된 권력 행사를 멈출 마음이 없다.

자녀를 조종하는 부모의 언행에는 어떤 것이 있을까? 꼭 커다란 한 방만 자녀를 쓰러뜨리는 게 아니다. 낙숫물이 바위를 뚫듯 일상 곳곳에서 부모의 간섭과 자기중심적 언행은 매일 차곡하게 쌓인다. 너무 일상적인 데다 미묘하고 교묘하기에 자녀는 그 순간엔 그냥 넘어가기도 한다. 그러나 이러한 것들이 누적된다면 자녀의 자립심은 크게 훼손된다. 다음은 부모의 그런 언행이다.

- 자녀와 과도하게 붙어 지낸다. 자녀의 일거수일투족을 알아낸다.
- 자녀의 옷차림에 과하게 간섭하고 지적을 일삼는다.
- 자녀의 취향을 경시하면서 부모 취향의 값비싼 옷을 사 와서 강제로 입힌다.
- 연애 상황을 꼬치꼬치 물어보며 훈수를 두거나 사사건건 트집 잡는다. 연애를 아예 시작하지 못하게 불안을 조장하거나 가스라이팅한다.
- 반드시 자녀와 가족 여행을 같이 간다. 자녀가 휴가를 혼자 보내는 걸 허용하지 않는다.
- 자녀에게 수시로 문자를 보내고 틈만 나면 전화한다.
- 어디 있는지, 언제 귀가하는지 반복해서 물어보고 확인한다.
- 자녀의 집에 사전 연락 없이 불쑥불쑥 찾아간다. 비밀번호를 누르고 거침없이 들어간다.
- 섭섭하다고 반복적으로 말한다.

자녀의 자립을 막다

부모의 자기중심적 권위와 압박에 장기간 눌린 자녀는 자립, 자주성, 심리적 독립에 문제가 생긴다. 자기self를 잃는다. 부모가 원하는 대로 움직이지 않거나 부모에 반하는 뜻을 펼치는 순간 자녀는 곧바로 죄책감과 불안을 느끼게끔 프로그래밍된다. "너 혼자서는 그거 못 해. 부모 말만 들어."라는 부모의 자기중심적 **주입**은 자녀에게 진실이 돼버린다.

부모에게 억눌린 채 이리저리 재단되며 성장한 자녀는 배우자를 선택할 때에도 나다운 선택, 자발적 선택을 행하기 어렵다. 내면에 쌓인 부정적인 감정과 억눌린 자아로 인해 건강하지 못한 선택, 불안을 피하기 위한 선택을 할 확률이 높다. 나에게 맞는 배우자, 마음이 건강한 배우자를 알아보지 못한다. 자신감이 극히 저하되어 있는 데다가 두려움으로 눈이 가려져 있기 때문이다. 내가 사랑하는 배우자가 아닌 타인의 눈에 좋아 보이는 배우자를 선택하는 우를 범한다.

반대로, 부모가 기함할 만한 배우자를 고르는 극단의 모습을 보이기도 한다. 무의식적으로 역대급 펀치를 날려 부모를 쓰러뜨리기도 한다. 펀치의 위력은 그 배우자가 지금 내 삶의 모양새와 어울리지 않을수록 더 강렬하다. 지금 이 삶에서 벗어나 완전히 이질적인 삶에 들어감으로써 심리적으로 다시 태어나고 싶기 때문이다. 부모와 나는 **다른 인생**임을 지금이라도 증명해 내야 한다. "난 달라요!"라고 외치고 싶다. **무의식 깊은 곳**에 부모에게 진짜 하고 싶은 말, "그렇게 살지 마세요."를 묻어버리고 어떤 여파가 발생하든 일단 탈출을 감행한다.

선 긋는 자녀

부모 입장에서 자녀가 선을 그을 때 섭섭하기 그지없다. 내가 너를 어떻게 키웠는데, 내가 어떤 희생을 했는데, 다 너 잘되라고 그러는 건데…. 선을 긋는 자녀가 냉정하게 느껴진다. 배은망덕이라 토로하는 부모들도 흔하다. 부모의 삶 자체가 일순간 허무해진다.

그러나 이런 심리적 섭섭함은 성인 자녀가 자신의 삶을 꾸려나가는 심리적 독립 과정, 즉 심리적 과도기이기에 부모가 감당해야 하는 몫이다. 중년기를 달리고 있는 부모의 심리적 발달 과제이기도 하다. 성인 자녀에게 내가 더 이상 예전만큼, 예전의 방식으로 필요한 존재가 아닌 것이다. 이를 받아들이는 것이 쉬운 일은 아니기에 많은 부모가, 특히 엄마들이 이 시점에서 심리적으로 무너진다.

이러한 변화를 감당하지 못하고 그 섭섭함을 분노와 집착으로 발전시키고 자녀를 더 통제하려는 부모도 있다. 자녀를 성인으로 대하지 못하는 부모, 자녀가 성인이 되어 주도적으로 살아가는 걸 도저히 받아들일 수 없는 부모의 간섭과 집착에 자녀는 더 세게 선을 긋기도 한다. 부모가 못 알아들어서다. 자녀는 힘든 나머지 마음의 문을 닫고 정보를 제한하고 심리적으로 도망간다. 더 이상 부모에게 침식되지 않기 위해서다.

선 그을 줄 모르는 사람들

이때 평생 부부 관계가 좋지 않았던 부모들이 심한 어려움을 겪는다. 아들을 아들이 아니라 **심리적 남편** 삼았던 엄마, 딸을 **심리적 엄마**로 삼고 의존해 온 엄마라면 특히 더 그렇다. 자신의 부부 관계는 돌보지 않고 자녀에게 역기능적으로 의존하여 살아온 부모가 급기야 난관에 처한다. 기존에 들쑥날쑥거리던 노이로제가 심해져 우울증, 화병이 제대로 발병한다. 치료를 받지 않고 되레 환자임을 전시하며 자녀에게 집착적으로 더 매달리는 부모도 있다.

부부 불화가 심한 부모를 둔 자녀들은 관계에서 약자로 여겨지는 부모(주로 엄마)의 빈 마음을 행복으로 채워주고 싶어 한다. 자녀들의 본능이다. 불행한 부모가 자기에게 비합리적으로 행동해도 내색하지 않고 참아낸다. 자기에게 부여된 이중 역할, 즉 부모의 좌절된 애정 욕구를 채워주는 심리적 파트너를 마다하지 않는다.

참는 것 이외에는 할 줄 아는 게 없는 어른이 된 그들. 선 긋기가 무엇인지 알지도 못하는 아동기 시절부터 불행한 부모의 희생양이 되어버린 그들. 그들은 건강한 선 긋기의 감각을 모르는 어른이 돼버렸다.

부모의 심리적 독립은 계속되어야 한다

자녀도 심리적으로 독립해야 하지만 부모도 심리적으로 독립해야 한다. 부모들이여, 권위적 관점을 버리자. 분노 반응을 접자. 자녀와 나의 관계에 살펴봐야 할 점이 있는 건 아닐까? 자녀 마음 안에 부모에게 말하지 못했던 응어리가 있는 건 아닐까? 자녀가 오래도록 참아온 것은 아닐까? 부모가 그걸 감지하지 못한 건 아닐까? 이런 생각을 할 수 있는 부모가 되길 바란다. 자녀를 타당하다 여기는 부모가 되길 바란다. 자녀가 더 이상 참지 않는다는 건 자녀에게 힘이 생겼다는 것이기도 하지만 자녀가 지쳤다는 의미이기도 하다. 마음 아픈 일이다.

성인 자녀와 갈등이 발생했을 때 자녀를 탓하기보다 부모 자녀 관계 자체를 들여다보자. 자녀를 대해왔던 나의 방식에 어떤 문제나 이기심이 있었던 건 아닌지 짚어보자. 성인의 삶에 돌입한 자녀의 독립과 고군분투를 응원하자. 자녀 또한 한 인간이기에 부모에게도 말하지 못하는 고뇌가 있다는 걸 기억하자. 자녀에 대해 다 알고 있다고, 다 알아야 한다고 주장하지 말자. 부모 자신이 잘 살면 된다. 중년기를 챙기고 노년기를 준비하자. 배우자가 있다면 제발 배우자를 바라보자.

자녀가 원하는 건 내게 목숨 거는 부모가 아니라
행복하고 안정된 부모,
자신의 자리에 굳건히 서 있는 부모,
그리고 남편과 아내로서 서로 친밀한 부모다.

위기는
일찍 만나 수습할 것

위기는 고통을 동반한다. 가능하다면 위기와 고통 모두 회피하고 싶은 게 인지상정이다. 시간이 지나면 저절로 해결될 거라 믿고 싶다. 그렇게 믿고 외면해 버린다. 그러나 이제는 분명한 진실을 봐야 하지 않을까? 위기는 일찍 만나는 게 좋다는 것이다.

마주하자

우리가 겪는 위기와 고난은 결코 저절로 해결되지 않는다. 대신 책임져 주는 사람도 없다. 그리하여 우리가 할 수 있는 겸허한 최선은 문제 상황, 충격과 상실, 위기에 담대히 **직면**confrontation하는 것이다. 모든 수습은 직면함으로써 시작된다. 가족, 부부, 부모 자녀 관계(애착 관계) 속 감정 응어리는 시간이 지난다고 해서 사라지지 않는다. 그때그때 해결하지 않으면 방치 속에서 굳어져 갈

뿐이다. 팽창하기도 한다. 방치의 결과는 예상보다 강렬하다.

가족 간에 곪았던 문제가 터지는 상황을 보면 십수 년 전부터 전조가 있었다. 부적응, 일탈, 사고, 우연인 것 같은 사건들, 심리적 구조 요청, 무언의 외침, 정서적 단절, 무관심 등. 무언가 어긋나 돌아가고 있다는 암묵적 신호가 여기저기 드러난다. 가족 구성원 중 누군가에게 심리적 부적응의 징후, 심리 장애 및 증상이 발현되기도 한다. 가족 간 냉담하거나 날카로운 분위기 또는 끊임없이 징징거리는 퇴행적 분위기가 발생한 지 오래다. 하지만 그냥 지나간다. "큰 문제 아니야.", "시간이 지나면 괜찮아져.", "남들도 다 이러고 살아.", "예민하게 굴지 마.", "참아. 우리에겐 더 큰 목표가 있어.", "이 정도는 당연한 희생이야."라며 넘어간다. 아예 전조 자체를 감지하지 못할 수도 있다. 구성원 간 방치와 단절이 지속된다. 위기와 문제는 **축적**되는 성질이 있다. 휘발되지 않는다.

조기 진화, 그 이상의 가치

썩은 이를 방치하는 것은 감당하기 어려운 통증과 대대적 처치와 발치, 즉 되돌릴 수 없는 상실을 불러온다. 뒤늦은 조치는 말 그대로 뒤늦다. 뒤늦은 조치 시 투여되는 에너지는 생각보다 막대하다. 그만큼 조기 진화의 가치는 심리적 문제와 인생의 문제를 논할 때 빛을 발한다.

위기를 일찍 만나 수습하지 않고 외면했을 때 종국에 맞닥뜨리는 고통스러운 현실, 뒤늦은 현실의 실체는 바로 **선택의 여지가 없다**는 것이다. 문제가 터질 대로 터져 뒤늦게나마 수습하려 하지만 더 이상은 당신이 선택할 수 있는 옵션과 여지가 없다는 걸 인지하게 된다. 뒤늦은 후회는 뼈아프다.

최적의 헌신

인생은 위기와 문제를 수습해 가는 과정이다. 엄혹한 진실이다. 삶과 관계에 헌신한다는 것은 위기와 문제에 헌신하는 것이다. 성실하고 의젓하게 그때그때 해결해 나갈 뿐이다. 절대적 최선, 완벽한 해결이 아니라 **지금 내가 기울일 수 있는 최적의 헌신**을 행하는 것이 핵심이다. 하나하나 해결하며 배워 나가는 삶은 가치 있다. 삶은 배움의 터전이자 성숙 과정이기에.

진정한 행복은 문제나 위기가 없는 삶 속에 있지 않다. 위기를 일찍 만나 수습하고 해결해 가는 과정 중에 터득한 **숙달감이 행복이다**. 숙달을 통해 느껴지는 보람과 뿌듯함, 자유, 삶에 대한 통제 감각, 지평이 넓어진 마음의 눈, 그게 행복이다.

"큰 용기란 빛을 향해서나 죽음을 향해서나 다름없이 두 눈을 똑바로 뜨고 직시하는 일이다."
— 알베르 카뮈, 《안과 겉》

낡은 나
떠나보내기

나는 자기 쇄신, 자기 혁신이라는 표현을 자주 쓴다. 아주 좋아하는 표현이다. 이는 낡은 나를 버린다는 의미이기에 시원하기까지 하다. 우리는 우리 안에 낡은 내가 있다는 것을 깨닫지 못한 채 그 상태에서 머리로만 변화와 성장을 이야기하고 새로운 방향을 추구한다. 당연히 실패한다. 문제 상황에서 많은 사람이 해결에 실패하는 이유는 낡은 나를 붙잡고 지금의 문제 상황을 바라보고 해석하기 때문이다. 익숙한 위기는 없다. 모든 위기와 고난은 새롭다. 그러하기에 인생을 유연하게 헤쳐 나가기 위해선 창조성이 필요하다. 창조성이 곧 적응력인 것이다.

그런데 의외로 많은 이들이 낡은 나를 붙잡고 살 뿐 창조성을 발휘하지 못한다. 특히 과거에 성공 경험이 많은 사람일수록 많은 것을 거머쥔 **과거의 나**에 묶여 '내가 전부 다 할 수 있다', '내가 제일 잘 안다'는 자만심에 빠져 편협한 쳇바퀴를 돌린다.

고집으로 완악해지다

현재 낡은 나가 작동하고 있는지 여부를 어떻게 알 수 있을까? 낡은 나의 특징은 무엇일까? 고집이 세다. 자신만의 호불호가 선명하다. 자신이 법이고 기준이다. 유연성이 떨어진다. 비판과 불평이 잦다. 빡빡하고 가혹하다. 가령 아무리 좋은 음식점에 가도 꼭 음식을 타박하는 까다로운 사람을 본 적이 있는가? 이래서 싫고 저래서 싫다. 불필요하게 까다롭다. 낡은 나에 갇혀 낡은 경험에 매몰된 채 낡은 의견을 주장하다 보니 분위기는 어색해지고 침묵으로 싸해진다. 낡은 나에 붙잡혀 있음이 안쓰럽다.

인간이 성숙해진다는 것은 흘러가는 것을 흘려보낼 줄 알고, 새롭게 주어진 것을 감상하고 즐길 줄 아는 것이다. 내 취향과 구미가 절대 기준이 될 수 없다는 걸 인식하는 것이다. 우리는 이를 **너그러움**이라 말한다. 너그러움이야말로 낡은 나를 버린 모습이다. 흘러가는 것을 흘려보내고 다가오는 변화에 순응하는 것이다. 인간의 힘으로 바꿀 수 없는 것, 가령 시간, 노화, 실패 경험, 마음에 들지 않는 상황도 받아들인다. 낡은 나를 붙잡고 사는 사람은 이런 변화와 심리적 불편함을 받아들이질 못한다. 젊음과 건강을 잃어가고 인기를 잃어가는 것을 용납할 수 없다. 결국 엄청난 불안에 시달리고 엉뚱한 해법에 매달린다.

낡은 나를 버리지 않고 대인 관계를 맺을 때에도 많은 역기능이 발생한다. 낡은 나는 변화를 두려워하고 과거 방식을 고집하기에 관계에서 갈등이 발생할 때에도 낡은 과거의 방식으로, 경직된 눈으로 현재의 갈등 상황을 바라본다. 내 틀에 들어맞지 않는 상대방을 경시하고 비난한다. 변화된 상대, 성장한 타인을 인정하지 않는다. 옛날 방식으로 고집스럽게 사고하고 느끼고 판단하니, 문제는 해결되지 않고 꼬여간다. 만성적으로 싸움을 반복하는 부부들을 보면 **현재의 우리**가 아니라 **낡은 나와 낡은 너**가 퇴행적인 싸움을 지루하게 계속하는 특징을 보인다. 해결책은 나오지 않고 각자 고집만 경쟁하듯 치솟아 오른다. 그들은 상대보다 내가 더 미숙하고 잘못되었을 수도 있다는 가능성을 생각하지 못한다. 현재를 품어내는 건강한 적응에 실패한 것이다.

낡은 나를 버리다

낡은 나를 버리면 그 결과 어떤 모습이 나타날까? 더 이상 싸우지 않는다. 탓하지 않는다. 내가 통제할 수 없는 부분이 있다는 걸 배우고 인정한다. 자신이 통제할 수 없는 부분에 매달려, 과거의 영광에 매달려 소모적으로 에너지를 쓰지 않는다. 고집이 사라진다. 마음이 부드러워지는 것이다. 사소하다 하더라도 내가 할 수 있는 것들을 찾는다. 아이와 같은 눈으로 외부의 변화를 관찰하기 시작한다. 이게 바로 자기 혁신, 자기 쇄신의 시작이다. 낡은 나를 버리고 아이와 같은 눈으로 달라진 세상을 바라보자.

3

다정이 필요한
매 순간

사랑은 구체적인 것이다.
표현하고, 표현을 이끌어내자.
두려움을 극복하고 타인에게 다가가자.
다정함을 나누자. 다정하게 흘러가자.
품위 있는 사랑을 하자.

내가 나를
도울 수 없을 때

위기 상황을 혼자 감당할 필요는 없다. 인생 속 위기 상황의 범위와 심도는 늘 내 예상과 역량을 벗어난다. 그래서 **연합군**이 필요하다. 정확한 도움을 줄 수 있는 사람, 신뢰할 만한 사람, 담대하고 성숙한 사람과 맺는 연합은 소중하다. 연합할 수 있는 타인을 분별하는 내 심리적 안목이 무엇보다 중요하다.

심리적 고통을 유발하는 위기와 고난이 나를 압도하고 쓰러뜨려 그 어떤 해법도 구사할 수 없을 때, 그런 나를 위해 첫 번째로 해야 하는 건 '지금은 내가 나를 도울 수 없는 상태'라는 걸 깨닫는 것이다. 내 한계를 받아들이는 것이다. 할 만큼 했다는 것을, 지금 나의 뇌에서 나오는 아이디어로는 역부족임을 인정하자. 내가 내 안에 갇혀서(갇힌 줄도 모르고) 계속해서 악수를 두며 에너지를 고갈시키고 있는 건 아닌지 돌아보자. 상황이 더 꼬이는 것은 물론 마음의 응어리도 커지고 있다는 것을 알아차려야 한다. 예전 방식으로 행해지고 있는 내 온갖 노력을 이제는 과감히 포기하는 것이 더없는 슬기다.

타인의 도움을 받는 것, 언제 어떤 도움을 누구에게 받아야 하는지 분별하는 것은 세상을 살아가는 데 필요한 지혜다. 대상관계 이론object relations theory에서 말하는 대상 사용object usage 능력을 떠올려봐도 좋겠다. 심리적으로 건강한 사람은, 자신만의 고유성을 갖추고 있는 타인을 객관적 존재로 바라보고 존중하는 동시에 타인에게 기꺼이 부탁할 줄도 안다. 때에 따라 건강하게 의존할 줄 안다. 너와 내가 분리되어 있으나 고유하게 존재하는 동등한 인격임을 인식하며, 상부상조하는 공동체에 감사한다.

타인이 나를 도울 것이라는 믿음이 부족할 때, 도움이 필요한 내 상황을 드러내면 비난받을 것 같은 마음이 들 때, 지금껏 타인에게 부탁해 본 적이 없을 때, 그리고 도와달라 말할 사람이 주변에 없을 때 그 사람은 극히 외롭다.

타인이 필요하다

영화 〈쿵푸 팬더2〉는 내 손에 꼽히는 감동적인 애니메이션 명작이다. 이 영화 전체를 관통하는 심리적 테마를 나는 좋아한다. 대상관계 그리고 타인과 함께하는 낙관적 세계관이 그것이다.

이 영화는 천방지축 포의 성장기다. 삶이 포에게 던져준 사명이 있다. 그것을 이루기 위해 위험을 감수하며 도전하는 과정이

흥미진진하게 펼쳐진다. 그 과정에는 위기의 순간들이 도사리고 있다. 우리네 삶과 다르지 않다. 바로 그 위기의 순간순간들이 서사의 핵심이다. 위기야말로 **성장의 분기점**이다. 거기엔 신기하게도 누군가가 늘 함께 있다. 포는 절체절명의 순간마다 **유의미한 대상**을 만나고, 그 대상과의 상호작용으로 성장을 경험한다. 포가 그들로부터 받은 것은 사랑과 돌봄, 삶을 받아들이는 데 필요한 지혜다. 난관을 거치며 포에게는 낙관적 세계관이 싹튼다. 세상은 살 만하다. 험난하지만 다정하다.

우리 모두는 포처럼 심리적으로 목숨을 잃을 것 같은 순간을 맞이한다. 하지만 결코 혼자가 아니다. 그럴 때 만나는 사람이 있다. 그 대상의 도움을 받아 **심리적 탄생**psychological birth을 이루며 상처를 극복하고 성장하는 심리적 과업을 이뤄낸다. 이게 바로 대상관계다. 너무 아름답지 않은가! 절체절명의 순간, 연약한 우리는 누군가와의 만남과 생명력 넘치는 관계를 통해 이해받고 사랑받음으로써 거듭나고 성장한다. 심리적 탄생의 여정은 그래서 참으로 고귀하고 아름답다. 함께하기 때문이다. **우리는 어떤 식으로든 타인의 사랑과 돌봄을 받고 이 자리에 와 있다.**

설령 포처럼 영문 모르게 버림받았을 때에도 분노하거나 원망하기보다 희망을 그리며 열린 마음을 갖는 것, 내 손을 잡아주는 타인을 믿고 감사히 그 손을 잡는 것, 삶은 그렇게 다정하게 굴러가는 것 아닐까? 포처럼 행동하고 싶다. 그리고 포 같은 이에게 다정하게 손 내미는 사람이 되고 싶다.

인간은 언제
변하는가

인간의 마음은 조언, 충고, 지시, 지적, 훈계로 변하지 않는다. 조언과 충고, 지시나 지적, 훈계는 할수록 강도가 높아지기 마련이다. 훈계자가 '너는 내 말을 들어야 하는데 못 알아듣는다.'라고 생각하기 때문이다. 결국 그는 비판, 비난을 이어가게 된다.

충고와 훈계의 말하기 방식은 관계에 위계를 만든다. 훈계자는 자신의 경험과 지식, 생각을 최고로 여기며 이를 매 순간 드러내 인정받고자 한다. 내면에 우월감이 똬리를 틀고 있는 것이다. 자기 자신에 취해 상대의 마음을 버리는 것이다. 타인을 못마땅하게 생각하고 상대가 모자라다 여긴다. 그러하기에 맞는 말이라해도 유익하지 않다. 내가 원하지 않는데, 지시받고 지적당하며 훈계 듣고 교정받고 싶은 사람은 없다. 의외로 제일 먼저 고쳐야할 사람은 우월감에 젖은 훈계자 자신이다.

H가 나를 찾아온 건 외로움과 무기력, 위축감 때문이었다. 나와 함께 성실히 마음을 경작하던 H가 내적 작업의 열매, 그 일부를 보여준 건 싱그러운 어느 여름날이었다. 인간의 마음이 언제 변하는지 보여주는 H의 인상적인 내러티브는 아직도 내 마음에 감명 깊게 남아 있다.

"선생님, 지난번 상담 말미에 선생님께서 제게 하신 말씀이 있어요. 'H님 입장에서 그럴 수밖에 없었을 것 같습니다. 상황이 너무 복잡했어요. 혼자 고민하느라 수고 많으셨네요. 사흘간 외로운 시간이었을 것 같습니다. 의젓하게 견디셨네요.'라고 하셨어요. 사실 듣는 순간 놀랐어요. 근데 참 이상한 게, 선생님의 그 말씀을 듣고 집에 가면서 든 생각, 아니 마음에 울려 퍼지는 소리가 있었어요. 뭔지 아세요? '아, 나 진짜 변하고 싶다, 나 성장하고 싶다, 그럴 수 있을 거 같다'였어요. 정체 모를 힘이 솟아났어요. 마음속에서 뭔가 막 올라오는 거 같았어요. 상황은 변한 게 없고 그 문제 상황에 대한 기승전결이 깨끗하게 정리된 것도 아닌데, 뭔가 눈앞이 투명해지고 굳어 있던 어깨에서도 힘이 빠졌어요. 선생님의 얼굴이 떠올랐고 상담실의 공기가 느껴졌어요.

사실 지난 상담 오기 전에 '이건 이랬어야 했는데 왜 그리 했냐고 선생님께서 지적하시면 어쩌지?'라고 저 혼자 상상하며 불안에 떨기도 했고, 한편으론 선생님께서 실수투성이 저에게 '이건

이거고 저건 저거다, 이건 이렇게 해야 한다'라는 식으로 조언해 주시길 고대했어요. 제가 너무 바보 같기도 했던 데다가 문제 상황을 조속히 해결하고 싶었거든요. 자책과 조급증에 시달렸지요. 그런데 지난번 상담에서 선생님께서 해주신 말씀은 조언이나 지시, 지적, 충고가 아니었어요. 제가 쏟아내는 고통과 고뇌, 자책을 그대로 담아주셨어요. 저는 그 순간, 그 시간에 깊이 이해받는다 느꼈어요. 돌봄과 보살핌을 받았다고 느꼈어요.

그래서일까요. 긍정적으로 변하고 싶다는 생각이 들었어요. 아주 조금이라도 말이죠. 저 스스로 제 자신을 돌보고 사랑하고 좋은 방향으로 저를 이끌고 싶어졌어요. 해보고 싶어요, 선생님."

인간의 마음은 이해받을 때 변한다. 가장 깊은 곳의 남모르는 아픔을 이해받을 때 인간의 마음은 부드러워지고 옥토가 된다. 거기에서 변화의 싹이 튼다. 저 위에서 비추는 따사로운 햇살을 받으며 싹은 자라난다. 단단히 뿌리내리고 든든한 나무로 자라난다. 언젠가 숲이 되리라. 이해받는 것처럼 좋은 일은 없다.

선을 지키는
사랑

20대 후반을 향해 달려가는 딸이 있다. 어느 날 딸과 이런저런 대화를 하던 중에 딸이 눈을 반짝거리더니 미소 띤 입을 오물거리며 내게 물었다.

"엄마는 저를 왜 이렇게 존중해 주세요?"

나는 깜짝 놀랐다. 의외의 질문이었다. 딸이 존중받는다고 느꼈나 보다. 딸의 생각, 딸의 느낌, 딸의 결정, 딸의 옷차림, 딸의 외출, 딸의 라이프스타일, 딸의 사생활, 딸의 꿈과 행보… 나와 딸의 대화는 무궁무진하다. 즐겁고 흥미진진하다. 딸의 삶에 대화로 참여할 수 있다는 게 행복하고 기쁘다. 딸이 나를 초대해 주어 감사하다. 그것만으로도 남을 만큼 족한데 거기에 딸이 엄마가 자신을 존중한다고 느꼈다니 이보다 더 기쁜 일이 있을까? 뜻밖의 감동이 밀려들었다.

나는 딸과 과도히 많은 것을 나누려 하지는 않는다. 딸의 전부를 알려 하지도 않는다. 딸이 자발적으로 들려주는 그만큼만 즐거이 참여한다. 내 입장에서 궁금한 부분이 있어도 더 묻지 않고 멈추는 **선**이 있다.

물론 무엇인가 한 번은 더 생각할 필요가 있다 느낄 때에는 한 걸음 나아가는 질문을 할 때도 있다. 그러나 이 또한 딸에게 꼭 답을 원하는 것도 아니다. 질문 자체로 이미 많은 것을 전했기 때문이다. 딸이 내게 말하는 어떤 주제와 경험 중에 '아, 이것은 살아가는 데 귀중한 지혜가 될 수 있으니 심리학적으로나 개념적으로 좀 더 깊이 있게 이야기해봐도 좋겠다'고 여겨지는 타이밍이 오면 자연스럽게 그에 관하여 더 이야기할 수도 있다. 재밌고 생동감 넘치게 말이다. 내 생각을 주입하거나 가르치려는 자세가 나온다면 실패이므로 주의할 필요가 있다.

내 말을 경청하는 딸의 눈이 반짝거리는지 관찰하는 게 중요하다. 딸이 내 이야기 속에서 교육적 메시지보다 흥미와 재미, 관심, 인간 이해 그리고 **사랑과 다정함**을 느끼길 바라면서. 대화 끝에 "엄마! 저는 엄마가 임상심리전문가라서 너무 좋아요. 하하!"라며 밝게 웃는 딸과 포옹할 때 우리는 따뜻한 행복을 느낀다.

나 또한 인간이니 그간 시행착오를 겪었다. 딸을 늘 내 보호가 필요한 어린아이로 보는 뒤늦은 엄마이기도 했다. 나는 늘 하던 대로 했는데 어느 날 답답해하는 딸을 보기도 했고, 내가 불안하다는 이유로 딸에게 두 번만 말해도 될 것을 세 번 말한 적도 있다. 그럴 때 내가 사과하면 너그러이 받아주고 이해해 주는 딸이다. "엄마, 전 아무렇지도 않은데요. 하하." 하며 나를 끌어안는다. 그런 딸을 보며 깨달았다. 내가 어른이라고, 엄마라고 해서 딸이 나를 사랑하는 것보다 나의 사랑이 꼭 더 크고 어른스럽고 훌륭한 것은 아니라는 것을. 딸을 너무 사랑하다 보니 그 마음이 넘쳐서 오히려 과하게 행동하거나 좌충우돌하는 미숙함이 내 본모습일 수 있음을 깨달았다.

내가 여전히 엄마로서 딸에게 해주고 보여주고 알려줘야 하는 것들도 있기는 하지만, 지금 20대 후반을 향해 달려가는 딸에게 더 중요한 것은 딸의 삶 그 자체를 인정하고 응원하는 엄마의 태도다. 딸의 힘찬 도전과 모험을 격려하는 엄마의 태도가 필요하다. 넘어져도 괜찮아. 실수해도 괜찮아. 돌아가도 괜찮아. 생각만큼 빠르지 않아도 괜찮아. 잠시 쉬어도 돼. 가만히 네 안의 목소리를 들으려무나. 네 최선을 믿으려무나. 너를 믿으려무나. 네 존재 자체가 이미 결실임을 믿으렴. 그렇게 계속 가자. 엄마가 필요하면 부르렴. 부르면 달려갈게. 그리고 안아줄게. **사랑하니까.**

딸이 보여주는 모습과 성장 궤도를 관찰하며 가득히 축복해 주는 엄마가 되고자 오늘 다시 다짐한다. 선을 지키는 것이 지혜로운 부모의 사랑임을 되새기면서 말이다.

고통을 해석하는
능력

제자 Y의 눈이 유독 반짝이는 오늘이다. 옷차림도 날렵하니 시원하다.

Y 선생님이 보셨을 때 담대하고 강인하게, 의젓하게 잘 살아가는 사람들의 특징이 있나요? 그런 사람들이 가지고 있는 자질? 그런 것을 혹시 말씀해 주실 수 있으세요?

김 그들은 고통에 대한 세계관을 가지고 있어요. 그들은 **고통을 해석할 수 있는 인격체**입니다.

Y 고통에 대한 세계관이요? 고통을 해석한다? 처음 들어보는 개념이에요.

김 살면서 느닷없이 찾아오는 고통 앞에서 도망가지 않고 담대히 마주하며 **고통 이면 깊은 곳에 자리한 의미와 섭리를 해석하지요.** 지금 이 고통의 이유를 탐구하자는 마음가짐을 가지고 있습니다. 고통이란 무엇이며 왜 존재하는지 고민합니다. 다양한 경험과 배움을 통해 조성된 자신만의 언어, 자신만의 신념 체계가 있어서 그 언어와 내적 시스템으로 고통을 값지게 해석합니다. 고통과 나의 관계성을 해석해 내는 것이죠. 작든 크든 내 앞에 다가온 고통을 피하지 않고 통과합니다. 고통을 자신만의 언어, 더 나아가 마음의 언어로 번역함으로써 고통과 역경을 극복하고 인격적으로 살아남는 것이지요.

Y 선생님, 고통을 해석까지 해야 하나요? 위기나 역경을 극복하기 위해 꼭 그래야만 하는 이유가 있을까요?

김 있지요. 바로 **고통의 보편성** 때문입니다. 고통이 인간에게 보편적인 현상이라는 건 여러 심리학 연구를 통해서 입증되었어요. 인간이 나이 들면서 지혜를 터득하고 원만한 성품을 지니게 되고 성숙한 관계를 장기간 유지해도 위기와 고난, 고통은 계속해서 인간의 마음과 정신에 영향을 미칩니다. 오랜 기간 수많은 내담자를 만나며 이 사실을 절감했지요.

고통은 우리의 예측 범위를 벗어나 곳곳에 산재해 있어요. 고통과 마주했을 때 영향을 받지 않는 생명체는 없어요. 이별, 낙방, 실직, 중년의 위기, 빈둥지증후군, 노년기 우울증, 부부 불화, 이혼, 황혼 이혼, 치매와 암 같은 수많은 질환, 자살, 죽음 등등 누구도 피해 갈 수 없는 좌절과 상실의 협곡들이 인생의 절반 이상을 차지하고 있어요. 그래서 우리는 막연히 행복만을 추구하며 신기루를 좇을 게 아니라, 고통을 해석하는 신념 체계와 세계관을 구축하면서 고통을 해석하는 힘을 키워야 합니다.

Y 고통을 해석하는 능력을 키우면 위기를 잘 해결하면서 어려움 없이 살아갈 수 있나요?

김 하하. 그렇진 않아요. 이유는 두 가지예요. 첫 번째는 앞서 언급했듯 관계 속에서 살아가는 우리에게 관계의 어려움과 난관은 개인의 의지와 상관없이 평생 지속되기 때문입니다. 우리는 좋은 타인, 좋은 친구, 좋은 배우자, 좋은 존재가 되는 걸 배우는 데 평생이 걸리는 미숙하고 어리석은 생명체입니다. 두 번째 이유는 우리 모두에게 **병기운**이 있기 때문입니다. **환자성**이 있지요. 정도에 차이가 있을 뿐이에요. 완벽한 정상, 병기운 0%는 없습니다. 각자가 자신의 환자성을 감지하고 수선하며 나아가야 해요. 희망을 잃지 않으면서요. 부적응 상태와 병적인 면모가 정도 이상으로 심해서 자신이나 주변인을 고통스럽게 하고 있다면 도움이나 치료를 받아야 한다는 걸 잊지 마세요.

Y 그렇다면 고통을 해석하는 능력을 갖춘 사람이 보이는 특징이 있나요? 말씀 들어보니까 그런 사람은 내면에 남다른 힘이 있을 거 같아요. 용기라고 해야 할까요? 고난의 순간 남다른 역량이 나타날 것 같아요.

김 그렇죠. 그런 사람들이 보이는 특징과 역량에는 여러 가지가 있지만, 한 가지를 꼽으라면 **결단력**입니다. 그들은 결단 내려야 할 순간을 정확히 감지하여 양질의 결단을 내립니다. 좋은 결단을 내리는 거죠. 결단의 타이밍을 놓치지 않습니다. 질질 끌지 않아요. 결단의 시간은 늘 고난과 고통의 상황에서 찾아와요. 그래서 어려운 것입니다. 만족스럽고 편한 상황에서는 결단할 필요가 없어요. 결단은 용기 있게 다짐하고 결정하는 행위로, 내가 책임지겠다는 주체성의 발로예요. 그야말로 어른의 행위죠.

모든 일은 어떤 식으로든 결론이 납니다. 앞이 보이지 않아 두렵고 애매모호하기 그지없지만, 충분히 심사숙고하였다면, 미련 없이 점을 찍고 일어나 다음 단계로 향하는 게 건강한 태도입니다. 내면의 확신을 끌어 올려 스스로 매듭지을 줄 아는 것이죠. 혹여 실패하더라도 그로 인한 고난을 감당하고 견뎌낼 나 자신을 믿기에 의젓하게 결단 내릴 수 있는 것입니다. 지금 이 결단으로 인해 설령 실패와 고뇌가 다가와도 마다하지 않고 책임지겠다는 담대함이라 할까요? 어른의 삶이 어려운 이유는 종국에는 나 스스로, 홀로 결단해야 하기 때문입니다. 그러나 결단의 과정이 외

192

롭고 쓰라려도 온전히 끌어안고 견뎌야 해요. 나에게 결정권이 주어진 삶, 결단을 미루지 않는 삶, 이것이 고통을 해석하는 어른이 누리는 용기 있는 삶이에요.

Y 진짜 중요한 부분인 것 같네요. 저도 얼마 전에 큰 결정을 할 일이 있었는데 사실은 너무 두려웠거든요. 제가 결단 내렸을 때 발생할 결과가 두려웠고, 책임을 회피하고 싶기도 했어요. 음, 결단력을 키우는 것에 대해 생각해 봐야겠어요. 선생님, 힌트 좀 주시겠어요?

김 결단을 내릴 수 있는 마음은 혼자 고요히 숙고하는 시간이 겹겹이 쌓여야 만들어집니다. 내 안의 갈망, 욕망, 질투, 흥분, 허세, 허황된 욕심을 모두 깎아내고 헛된 것을 경계하는 태도, 겸허하게 현실에 발 디딘 상태, 그렇게 **현실적인 마음**이 되는 게 중요합니다. 자신을 과대평가하지 않아야 합니다. 이런 마음을 가진 사람을 **Down to earth person**이라고도 해요. 제가 좋아하는 관용구입니다. 발이 땅에 붙어 있는 현실적인 사람, 현실을 정확히 아는 사람이란 뜻이에요. 현실 감각이 있다는 건 삶의 한 축인 고통에 대해서도 파악하고 있단 것입니다. 모두의 현실에 고통과 슬픔, 좌절이 큰 강물처럼 흐르고 있단 것을 아는 거죠. 그렇게 정확한 현실 감각이 있는 사람이 결단의 타이밍에 양질의 결단을 내립니다. 무언가를 끊어내야 할 시점을 현실 안에서 정확히 가늠하는 지혜를 가지고 있지요. 그들은 결단해야 할 때 결단함으로써 성장합니다.

어찌 보면 **성장과 결단, 결단과 성장은 동시에 오는 것** 같아요. 맞물려 있지요. 분명한 건 결단의 순간이라면 회피하지 말고 결단을 실행해야 앞으로 나아갈 수 있다는 것입니다. 다른 방법은 없습니다. 고통을 기꺼이 해석하는 자세와 마음을 벗 삼아 용기 있게 나아가세요. 결단하고 전진하세요.

"의식의 근원은 고통이다." — 도스토옙스키

나 원래
그래요

상대방이 던진 말에 대화가 탁 막히는 순간이 있다. 상대방이 "나 원래 그래."라고 말할 때다. 이 말 안에는 강력한 메시지가 내포되어 있다. '더 이상 뭐라고 하지 마. 어쨌거나 내가 맞아. 여하튼 난 내 식대로 할 거야. 네가 몰라서 그러는 거야.'와 같은 메시지다. 상대를 밀어낼 뿐 아니라 상대의 말을 받아치고 은근히 비난하는 말이다.

부부 관계에서 배우자에게 "나 원래 그래."라고 말하는 경우도 흔하다. 대개 비아냥거리는 말투이거나 화가 담긴 말투다. 상대를 밀어낸다. 상대의 호소나 부탁, 의견을 묵살하는 행위다. 대화를 통한 조율의 기회도 날아가고 관계 속 조정과 변화의 가능성도 차단된다. 그렇게 말하는 순간 관계는 단절된다. 심리적으로 상대방을 버리면서 나 자신을 방어하는 것이다. 표면적으로 다툼이 발생하지 않는다 하더라도 더 이상의 대화나 교감은 일어나지 않는다.

상대에게 "나 원래 그래."라는 말을 자주 쓰는 사람은 자신이 **밀어내기**를 사용하고 있음을 깨달을 필요가 있다. 이 말이 튀어나오는 자신의 감정과 마음 상태를 들여다보자. 나는 어떤 부분이 건드려지면 순식간에 상대방을 밀어내는가? 내가 두려워하는 것, 나에게 화를 불러일으키는 외부 자극은 무엇인지 생각해 보자. 이를 충분히 들여다보는 시간이 쌓여야 의미 있는 깨달음이 발생하고 그 이후 개선을 위한 준비 단계로 돌입하게 된다. 섣부른 개선 다짐, 행동 계획은 실패를 불러올 뿐이다.

대화 도중에 상대를 밀어내는 방어적 화법을 점검하고 내면을 들여다보는 것은 의미 있는 작업이다. 자발적이면서 깊이 있는 숙고가 뒷받침되지 않는다면, 그 어떤 변화도 안정적으로 유지되지 못한다는 것을 심리학자들이 과학적으로 입증해 냈다. 변화의 목표는 일시적으로 나타나는 좋은 행동이 아니라 장기적으로 새로운 단계에 올라서는 것이다. 근본적인 방향 전환이 필요한 것이다.

품위 있는 대화와 진정한 배려

"나 원래 그래."라는 말을 굳이 꼭 쓰고 싶은가? 그렇다면 대안을 제시하겠다. "나 원래 그래."라는 말을 꼭 쓰고 싶을 때는 한 번 중화시키자. 가령 "내가 좀 그런 면이 있는 듯하네.", "제가 전부터 좀 그런 경향이 있었던 것 같네요."와 같이 중화시켜서 말하자.

관계를 소중히 여기며 상대의 마음에 다정하게 가닿기 위해 단어를 선별하는 시도, 표현을 중화시키는 노력, 섬세한 고심이 곧 배려다. 내가 지금 사용하려는 말 한마디가 상대에게 어떻게 느껴질까 생각하는 것, 그게 배려다. 이러한 **배려가 오갈 때 품위 있는 대화가 가능하다.** 배려함으로써 상대에게도 상처를 덜 입히게 되고, 상대도 당신에게 좋은 것을 건넬 것이다. 둘 사이가 다정해진다. 밀어내기 화법이 필요 없는 관계가 되는 것이다.

소중한 사람과 대화할 때 '원래'라는 표현을 군이 써야 한다면, '원래'보다는 '좀', 또는 '전부터 좀'이 차라리 낫다는 걸 기억하자. 그리고 하나 더. '원래', '좀', '전부터 좀'이란 표현을 아예 쓰지 않아도 깊은 대화, 마음의 표현은 가능하다는 것을 기억하자. 이 세상에는 쓰지 않는 게 더 좋은 말들, 군이 쓰지 않아도 되는 말들이 많다.

사랑의
반대말

내담자 K의 얼굴에 고민이 묻어 있다. 머리 위에 물음표도 떠 있는 것 같다. 연애 문제로 개인 상담을 시작한 그녀는 연애 때마다 왜 비슷한 문제가 반복되는지 알고 싶어 했다. 마음속 오래된 이별의 상처들이 자기들끼리 마구잡이로 직조되어 결국 어디에도 쓸모없는 옷감이 된 것 같다는 K.

"선생님, 심리학에서 말하는 진정한 사랑에 대해 심도 있게 배울 수 있었던 세미나가 있었어요. 사랑에 대해 제가 잘못 알고 있는 게 많아서 놀랐어요. 제가 사랑이라고 자신했던 마음과 행동을 되짚어보고 무엇이 문제였는지 돌아봐야겠다 싶습니다."

나는 그녀와 진정한 사랑, 건강한 사랑에 대해 이야기해보고 싶었다. 때가 된 것 같았다.

사랑과 사랑, 그 안의 알맹이

사랑은 단 하나의 정의를 가지고 있지 않다. 그 종류가 다양하고 각기 다른 수준, 결을 지닌다. 얼굴이 여러 개인 것이다. 어른이 되어간다는 것은 **사랑의 기쁨과 슬픔**을 체험하면서 사랑의 종류가 여러 가지이고 그 깊이도 각기 다름을 **배워가는 것**이다. 시간을 가로지르는 학습의 여정이다. 정상적인 사랑과 비정상적인 사랑이 실재한다는 것, 성장하는 사랑이 있는 반면 퇴행적인 사랑도 있다는 것, 사랑이 일순간 집착이 될 수도 있다는 것, 로맨스도 있지만 우정과 헌신이 빛나는 사랑도 있다는 것, 나이가 들면서 사랑의 범위가 확장되고 깊이가 깊어질 필요가 있다는 것, 성숙한 사랑의 능력은 죽을 때까지 배워도 모자라다는 것…. 이렇게 사랑의 얼굴과 그 진실은 경험 속에서 교훈을 끌어 올릴 때 비로소 하나씩 배울 수 있는 것이다.

자신의 나이와 현재 상황, 나아갈 미래와 걸맞은 사랑을 하는 게 중요하다. 그러기 위해선 사랑의 다양한 종류와 여러 형태를 공히 가로지르는 변함없는 사랑의 정의, 그 **알맹이**를 알 필요가 있다. 인생의 굴곡을 관통하는 건강한 사랑은 어떤 모습일까?

사랑의 반대말은 판단

사랑의 반대말을 논함으로 사랑의 정의를 명확히 그릴 수 있다. 임상 현장에서 심리치료 전문가로 살아온 긴 세월, 나는 내담자들을 만나며 절실히 깨달았다. 그들과의 내적 작업을 통해 사랑의 반대말을 터득함으로써 나는 사랑의 정의에 보다 가까이 다가갈 수 있었다. 그것은 미움도, 증오도, 무관심도 아니었다. 사랑의 반대말은 **판단**이었다.

내담자들은 내게 와서 배우자나 연인 이야기도 하지만 꼭 부부나 연인 이야기만 하는 것이 아니다. 그들은 자발적으로 자신을 중심으로 삼대의 이야기를 풀어놓는다. 조부모-부모-나, 또는 부모-나-자녀, 이렇게 100년이 넘는 인생을 들려준다. 그러면서 삶에 대해 절실히 배우고 관계의 진실에 다가가고 싶어 한다. 그들은 **사랑을 알고 싶어 한다.** 모든 인간에게 생명과 삶의 가장 큰 주제가 사랑이니까. 그 누구도 사랑을 빼놓고는 자신을 설명할 수 없다. 그런 그들이 내게 일관되게 보여준 것이 바로 사랑의 반대말이 판단이라는 것이다.

우리는 사랑을 받아야 할 순간에 상대의 기준으로 판단당하고 정죄되곤 한다. 수차례, 아니 매 순간 재단되곤 한다. "넌 이래서 안 돼. 넌 늘 이런 식이야." **판단에 수없이 짓눌릴 때 우리는 결국 자기self를 만들어갈 동력을 잃는다.** 나를 재단하는 상대가 가족이든 연인이든 선생님이든 상관없다. 스스로 자기를 알아가고 표현하는 길이 타인에 의해 막혀버린다. 자신을 스스로 사랑할 기회도 박탈당한다.

지금 사랑의 마음보다 판단의 잣대를 즐겨 사용하며 휘두르고 있지는 않은가? 판단의 부작용을 생각하면서 줄여 나가야 할 것이다.

판단하지 않는 이해

　사랑은 판단하지 않는다. 사랑은 상대를 있는 그대로 보는 능력이다. 내 잣대, 내 만족보다는 상대를 더 귀히 여기고 아낀다. 상대가 지닌 흠결은 더 이상 아무런 문젯거리가 되지 않는다. 인본주의 심리학자 칼 로저스Carl Rogers는 '판단하지 않는 이해non-judgemental understanding'라는 개념을 설파하며 타인의 생각, 감정, 행동을 판단하거나 평가하지 않는 **순수한 보살핌**의 가치를 이야기했다. 상대를 마음속 깊이 수용하는 것이다. 정말 어려운 일이지만 노력하고 또 노력할 일이다. 모든 인간은 판단보다는 이해를, 옳은 소리보다는 **다정한 수용**을 원한다. 인간은 연약한 존재다. 특히 감정 관계에서는 판단이 독약이 되기 쉽다.

헤아리고
덜어주는 관계

일상이 반복되고 사소함이 쌓이며 긴 세월 굽이굽이 이어지는 부부애의 핵심은 상대의 내면에 묻혀 있는 고뇌와 아픔, 고통을 알아주고 헤아려 주는 것이다. 연민 어린 이해, 이것이 부부애의 핵심이다.

배우자가 장점이 많아서, 완벽한 사람이어서, 매력적이어서, 가진 게 많아서, 내게 많은 걸 해주어서, 능력이 넘쳐서… 그래서 배우자를 사랑하는가? 결혼으로 맺어진 두 사람이 긴 세월 서로 사랑한다는 것은 상대의 나약함과 취약함에 대한 이해, 상대의 마음 깊이 묻혀 있는 고통과 아픔에 대한 공감, 마음 자락 여기저기 묻어 있는 일상의 스트레스를 알아주고 헤아리고 덜어주려는 마음, 그것이다.

충분히 행복한 부부, 가장 단단한 부부는 로맨스와 열정의 숲을 지나 가파르고 아득한 오르막길을 오르며 **삶의 무게와 고통을 분담하는 부부, 서로의 나약함과 취약함을 헤아리는 부부다.**

　내 나약함, 아픔과 고통을 헤아려 주는 배우자를 통해 내가 받고 체험하는 건 사랑이다. 그 사랑에 감사와 따뜻함을 얹어 돌려주는 것, 그 선순환 속 부부의 사랑은 충만하고 기쁜 사랑이다. 그렇게 진정으로 사랑받는 체험은 긴 시간이 필요하다. 너와 나만의 경험과 대서사가 필요하다. 그리하여 궁극적으로 부부애는 지루하지 않다. 하루하루 더 깊어지고 새롭다.

　거꾸로 상대의 나약함과 취약함을 이해하지 못하는 부부, 상대의 마음 깊이 묻혀 있는 고통과 아픔에 공감하지 못하는 부부는 사랑받음을 체험할 수 없고 사랑을 줄 수도 없다. 대신 정서적 허기, 원망, 우울, 적대감, 분노와 환멸에 시달린다. 밖으로 돈다. 집 밖에서 신기루를 찾아 헤맨다.

　서로를 헤아릴 수 없다면 심리적으로 살아 숨 쉬는 커플이라 할 수 없다. 타인을 헤아리는 것, 늘 점검하고 성찰할 필요가 있다. 거기에 고귀한 가치가 있다.

부부간 돌봄의
실체

돌봄 행위는 생활 속에서 어떤 형태로 나타날까? 나는 오랜 기간 수많은 부부를 만나 상담하며, 그리고 실제 나의 부부 생활과 양가 부모님의 삶을 관찰하며 돌봄의 의미와 실체를 깊이 깨닫곤 한다. 돌봄은 분명 '실체'가 있는 것이다. 막연한 것이 아니다.

상대가 필요로 하는 것을 채워주다

돌본다는 것은 상대가 필요로 하는 것을 채워주는 것이다. 배우자와의 긴밀한 교류 속에서 일상의 자잘한 요구와 필요들이 채워져야 건강한 부부 생활을 영위할 수 있다. 그 요구와 필요들은 대단한 게 아니다. 의외로 사소하고 일상적인 것들이다. 어느 가정에서나 매 순간 그런 상황을 접하게 된다.

"주말에 뭐 하지?"

"장모님 생신 선물은 어떤 걸 하지?"

"오늘 시아버지께서 건강검진을 다녀오셨다는데, 전화드려야 겠네."

"아내가 달리기할 때 편한 운동화가 필요하다 했는데 내가 선물해 주고 싶네!"

"오늘 저녁 메뉴는 뭘 하지? 식구들이 뭘 먹고 싶어 할까?"

"아내가 설거지하느라 정신이 없네. 쓰레기 분리수거는 내가 해야지."

"아내가 밤늦게 퇴근하는데 밤길이 무섭지 않을까? 지하철역까지 마중 나가야겠다."

"남편이 지금은 쉬고 싶어 하나?"

이런 작고 평범해 보이는 것들이 우리의 삶에서 정작 더 중요하다. 가지각색의 일상적인 요구와 필요들이 적절히 채워지지 않으면 경제적 부유함도, 사회적 성공도, 성관계의 만족도 그리 중요하지 않다는 것을 수많은 부부가 직접 증언하고 증명해 주었다. 일상 속 부부애, 보편적 사랑, 그 속에 숨 쉬는 깊은 돌봄에 대해 이야기한다.

영화 〈님아, 그 강을 건너지 마오〉는 산골 집에 거주하는 어르신 부부가 주인공이다. 어느 날 밤, 할머니가 야외에 있는 화장실에 가는 걸 무섭다 하니, 할아버지가 따라가서 할머니가 화장실에서 나올 때까지 화장실 문 앞에 서서 노래를 불러준다. 이게 바로 상대를 돌보는 모습이다. 사랑과 관심은 이렇게 실체가 있다. 이는 억만금 주고도 살 수 없는 타인에 대한 한 인간의 관심 어린 행동이다. 부부, 나아가 **인간관계에서 가장 중요한 것은 서로를 소중히 여기는 마음으로 다정하고 따뜻한 돌봄을 주고받는 것이다.** 그렇게 성실히 서로의 필요를 채워줄 때, 부부간의 아름다운 사랑의 퍼즐이 완성된다.

부부간의 사랑, 맹세, 서약, 희생 등 추상적이고 눈에 보이지 않는 말보다 더 중요한 것은 순간순간 벌어지는 일들을 해결하고 애정 어린 손길을 직접 내미는 돌봄의 행동이다. 손을 움직이고 발로 뛰면서 순간순간 상대의 필요를, 마음을 채워주는 것이 살아 있는 돌봄이자 진정한 사랑이다. 사랑한다고 백 번 말하는 것보다 분리수거 나서는 배우자의 짐을 함께 들어주고 엘리베이터 문을 잡아주는 것이 진짜 사랑이고 좋은 관계의 모습이다.

인간 본성의
이해

인간 본성의 핵심은 **사랑받고 싶은 본성, 인정받고 싶은 본성**이다. 이 본성은 그 어떤 관계에서보다 일상생활을 함께 하는 친밀 관계인 부부 사이에서 그때그때 구체적으로 상호간 채워줄 필요가 있다. 일상에서 실제로 차곡차곡 쌓인 이 채움이야말로 삶 속 가장 강력한 채움이다.

하루하루 상대를 진심 어린 눈으로 관찰하면 상대가 원하는 것을 정확히 알 수 있다. 상대에게 몸과 마음이 향해 있으면 관찰은 어렵지 않다. 깊은 관심을 기반으로 서로를 채워주는 몸짓과 실천, 시간이 쌓이고 모여 소중한 너와 나의 다정한 서사가 아로새겨진다. 정서적 끈이 단단해진다. 우리는 이걸 특별한 정서적 유대, 애착이라 한다.

　내 입장이 아니라 상대 입장에서 생각하는 것이 중요하다. 감정이입하고 역지사지하는 것이 핵심이다. 상대의 입장을 고려하지 않고 내 입장에서, 내 시간표에 따라, 내 마음대로 추측해서 일방적으로 관심을 건넬 때 이는 사랑이 아니라 무신경, 몰이해가 돼버린다. 상대는 공원 벤치에서 아이스크림 먹으며 수다 떨고 싶은데 선심 쓰듯 고가의 선물만 건네면 받는 이가 그 순간 머리로는 잠깐 좋아할지 모르지만 그 내면에는 기실 쓸쓸함이 들어찬다. 제대로 된 눈 맞춤이 결핍되었기 때문이다. **물질은 결코 눈 맞춤을 대체할 수 없다.** 준 사람은 '주는 나'에 뿌듯해하며 할 바를 다 했다고 여길지 모르지만 받은 상대는 종국에 '관심과 사랑을 받지 못했다'고 기억하는 일은 흔하다. 아무런 벽 없이 마음과 마음이 만난 온전한 기억이 부재하기 때문이다.

　상대에게 마음을 전하는 방식이 물건으로만 국한되거나 물질로만 표현될 때 그 관계는 결코 깊어질 수 없다. 함께 시간을 보내고 마음을 나눠야 할 순간들이 돈으로 채워졌을 때, 그 돈으로 무엇이든 다 할 수 있다 하더라도, 미래 어느 날 결국 뿌리 깊은 **애정 결핍**이 왜곡된 형태로 모습을 드러내고 소중한 관계를 망칠 수밖에 없다. 상대의 내면을 따뜻한 사랑으로 채우는 것은 시간과 정성을 들여 상대와 진실로 눈 맞출 때 가능한 것이다. 이는 일상을 성실히 함께하는 경험과 서사 속에서만 성취되기에 더욱 소중하다. 이때 우리의 내면을 채우는 사랑은 따뜻하고 다정하다.

인간의 이 본성을 거스르거나 부정확하게 스칠 때 그 자리에는 무감동apathy과 무관심, 무신경, 몰이해, 비판, 비난, 경멸이 찾아든다. 마음은 굳어가고 서로 멀어진다. **인간 본성이 원하는 것은 눈 맞춤과 마음의 연결이다.** 이것이 물질보다 먼저임을, 물질로 대체할 수 없음을 기억하자.

다정함의 근원이자
필요조건

심리학자이자 실존주의 상담가 롤로 메이Rollo May는 《사랑과 의지Love and Will》에서 "돌봄care은 다정함의 근원이자 필요조건"이라 말했다. 그에 따르면 나와 같은 또 다른 동료 인간에 대한 인식, 타인의 기쁨이나 고통에 대한 동일시, 우리 모두가 공통의 인간성이라는 토대 위에 서 있다는 인식, 연민과 죄책감의 요소로 구성된 것이 돌봄이다.

다정함의 근원이자 필요조건인 돌봄! 부부애의 정수精髓도 나는 돌봄이라 생각한다. 특히 배우자가 아플 때의 돌봄이 그렇다. 일대일 애착 관계(특히 부부)의 주요 기능은 궁극적으로 '역경을 헤치고 살아남는 것'이다. 부부가 함께 즐거움과 행복, 성공 경험을 나누는 것도 중요하지만 인간사의 실체인 역경과 고난을 배우자와 함께 손잡고 헤쳐 나가는 것이 애착 관계의 목적이자 목표이자 이유다. 역경과 고난을 함께 헤쳐 나가기 위해선 단기 관계가 아닌 장기 관계 속 두 사람의 안전한 결합과 결속, 협력, 애착이 필수다.

수많은 문제를 품고 있는 결혼 제도가 지금껏 폐기되지 않고 유지되는 것은 인간사의 본질인 역경을 뚫고 나가는 데 어른과 어른의 일대일 장기 애착 관계 외에는 별다른 대안이 없기 때문이다. 혼자서는 불가능하다. 모든 성장과 치유, 극복과 해결은 관계 속에서 돌봄을 주고받음으로 발생한다. **"모든 치유는 관계 속에서 일어난다."** 정신의학자 주디스 허먼Judith Herman의 문장이다.

타인을 돌본다는 것

부부에게 닥치는 수많은 역경 중 배우자가 병든 것만큼 애통한 것이 또 있을까? 인간이 더없이 약해지는 순간, 스스로 뭔가를 하기 어려운 상황, 어쩌면 죽음 앞에 한 발짝 다가선 그 시점에서 의미 있는 타인의 함께함, 돌봄은 불가피하다. 이때 부부애의 정수가 드러난다. 의무적 돌봄이 아닌 마음에서 올라오는 따뜻한 돌봄이다. 오래된 애착, 두 사람만의 사연, 연민과 긍휼이 축이 되는 헌신적 사랑으로 배우자를 돌보는 것, 이것이 인간의 참사랑이다.

당신이 아플 때 당신에게 정말로 필요한 것은 무엇인가? 의사의 진료, 치료약이면 다 되는가? 혹시 홀로 슬픔 속에 누워 있는

가? 찾아오는 이가 없는가? 곁에서 손 잡아주고 회복과 쾌유를 기도해 주는 배우자가 있는가? 신체의 아픔은 단순히 육신의 고통으로 한정되는 것이 아니다. 심신은 분리할 수 없다. 신체 질환으로 아픈 당신의 몸과 그 여파에 압도된 고통스런 마음은 당신의 삶 전체에 그림자를 드리운다. 그 삶 전체에 온전히 함께하는 타인, 당신의 배우자는 내 아픈 몸과 마음을 넘어 **고난의 인생마저 끌어안은 역사적 사랑의 증인이다.** 이는 저절로 되는 일이 아니며 누구나 그럴 수 있는 것도 아니다. 진실로 귀하고 소중한 것이다. **거룩한 다정함**이다.

한 땀씩 꿰어지는
친밀함

끊임없이 소소한 잡담을 나누는 부부가 있다. 날씨부터 동네의 작은 변화, 이사 나가는 집, 이사 들어오는 집, 갑자기 만개한 라일락, 단골 커피집의 휴무일, 직장에서 웃겼던 일, 택배 기다리기, 길에서 우연히 만난 지인 이야기, 동료에게 칭찬받은 옷차림, 시청률 높은 드라마, 자녀가 들려준 재미난 이야기, 운동선수가 될 수 있다면 수영 선수가 되고 싶다는 남편의 소망까지…. 잡담의 소재는 일상 그 자체. 나만이 겪을 수 있는 특별한 일이 아니라 누구나 겪는 소소한 일들, 따지고 보면 굳이 배우자와 얘기 나누지 않아도 될 일들이다. 하지만 매일매일 잡담은 계속된다.

잡담이 만드는 울타리

잡담을 나누는 커플은 그렇지 않은 커플에 비해 훨씬 더 행복하고 친밀하다. 왜 그럴까? 잡담을 나누는 동안 발생하는 '그것' 때문이다. 바로 두 사람의 **접촉, 접속, 연결이 잡담이라는 방식을 통해 발생한다.** 습관처럼 연마되고 키워진다. 잡담을 통해 두 사람에게 일어나는 건 잔잔한 재미와 실시간 경험의 공유를 넘어 일상에 뿌리내린 부부의 함께함, 공동체 의식, 매일매일 견고해지는 두 사람의 **심리적 울타리**다.

불행한 결혼 생활을 영위하는 부부, 이혼을 향해 달려가는 부부에게는 이런 접촉과 연결의 순간이 드물다. 설령 한 공간에 있더라도 마음과 정신이 각자 다른 곳에 가 있다. 소소한 잡담은 발생하지 않는다. 아내는 남편을 쳐다보지 않고 남편은 아내의 말을 귓등으로 흘려듣는다. 남편은 아내의 부탁에 "응." 하고 대답만 한 뒤 행동으로 옮기지 않는다. 아내는 드라마만 보고 남편은 스마트폰으로 게임만 한다. 아내는 귀가하는 남편에게 눈길 한번 주지 않고 소파에 누워 있다. 응접실에 들어서는 남편은 요동도 없는 아내를 지나쳐 서재로 직행한다. 일상적이지만 이런 상황이 지속되면 함께 산다고 하더라도 부부간 접촉, 접속, 연결은 일어나지 않는다. 근근이 이어져 오던 친밀감도 소멸된다.

수월한 접촉의 슈퍼 파워

장기 애착 관계인 부부에게 깊은 사랑의 토대는 유별난 경험에 의해서가 아니라 일상 속 소소한 일들의 공유를 통해 형성된다. 부부간에 수월한 접촉이 순간순간 오가는지 그 여부가 중요하다.

매일매일 한 땀씩 꿰어지는 친밀함은 이런 것이다.

이런 잡담 부부에게 더 중요한 게 있다. 빛나는 강점, 강력한 힘이 있다. 바로 **위기 상황에서도 협력과 대화가 잘 이뤄진다**는 것이다. 매일 다져진 접촉의 일상화, 접속의 수월성으로 인해 뜻밖의 위기 상황에서 서로의 손을 두려움 없이 강인하게 잡을 수 있다. 위기 상황에서 필요한 협력적 대화가 즉각 이루어져 위기를 수월히 넘어선다. 고통과 위기의 연속인 삶에서 두 사람의 협력은 역경을 극복하고 품위 있게 생존하기 위한 열쇠다. 수월한 접촉이 깃든 애착 관계의 힘은 무엇보다 강인하다. 슈퍼 파워다.

작고 소소한 잡담을 나누는 부부가 깊이 있는 대화도 나누는 법이다. 동서고금을 막론하고 모든 부부의 소망인 '대화가 잘 통하는 부부'가 되고 싶다면 **잡담의 힘**을 무시하지 말자.

일상을 나누는
대화

"엄마, 오늘 하루 어떠셨어요?"

딸은 거의 매일 내게 이렇게 묻는다. 처음에는 이 질문이 낯설었다. 별로 받아본 적이 없는 질문이었다. 그러나 지금은 그 어떤 질문보다 익숙하고 사랑스럽고 다정하다. 일상이 되었다. 나 또한 이 질문을 남편과 딸에게 편안히 건넨다. 질문을 주고받는 우리는 자유로이 말한다. 그 내용은 다채롭다. 정해진 것도 없고, 좋고 나쁜 것도 없다. 이 질문이 그 어떤 질문보다 좋은 질문인 이유는 무엇일까? 바로 이 질문이 질문이라는 모양을 갖춘 **관심과 다정함**concern and tenderness의 표현이기 때문이다.

딸이 보여주는 삶의 자세와 태도는 내게 많은 영감을 준다. 건강한 부부 사이가 지니는 특징과 조건, 징표 또한 이처럼 **일상을 나누는 것**일 테다.

일상을 공유하다

일상을 나누는 건강한 모습 중 하나는 서로가 이완된 상태에서 눈을 맞추고 오늘 각자의 생활이 어땠는지 물 흐르듯 이야기를 주고받는 것이다. 오늘의 생활 속 경험, 감상, 만족과 아쉬움, 새로움, 상상 등 그 어떤 내용도 상관없다. 이때 타인 비방이나 배우자와 가족에 대한 불만이 주를 이루면 위험하다. 그건 대화가 아니다.

매일 잠시라도 부부가 함께 공유하는 일상, 루틴이 있는 게 중요하다. 주기적 외식, 30분간 대화처럼 거창한 것을 말하는 게 아니다. 출근하는 배우자에게 잘 다녀오라고 웃으며 격려하는 일상, 배우자가 귀가할 때 문 앞으로 달려 나가 환대하는 일상, 서로에게 비타민을 챙겨주는 일상, 오늘 있었던 개인적인 일 혹은 뉴스를 전하는 일상, 함께 앉아 커피 마시는 일상, 함께 산책하는 일상, 같이 시장 보는 일상…. 자주는 아니어도, 드문드문이어도 정기적으로 행해지고 있다면 괜찮다. 이런 일상이 바로 서로에게 집중하는 마음이 실체적으로 드러나는 순간이다. 저절로 그냥 되는 것이 아니다. 함께하겠다는 결단이자 의식적인 노력이다. 이렇게 노력함으로써 부부만의 하모니와 리듬이 만들어진다. 왈츠 추듯이 말이다. 부부는 생활공동체이자 매우 특별한 결합이다.

때로는 느슨함도 필요하다

가족이라 하더라도 일상을 상대방에게 보여준다는 것이 마냥

쉽거나 당연한 일은 아니다. 일상에도 사생활 영역이 있기 때문이다. 성인 자녀가 부모에게 자신의 일상을 보여주는 것도 당연한 게 아니라 감사한 일이다. 그럴 때 부모는 참여하고 감상하고 기뻐하자. 간섭, 판단, 평가는 뒤로 미루자. 속속들이 다 알려 하지 말자. 성인 자녀가 알아서 판단해 보여주는 만큼, 배우자가 보여주는 만큼, 그만큼 함께하는 걸로 충분하다. 건강한 참여와 느슨한 결합이 오래가는 관계, 안정적인 관계의 열쇠다.

일상의 온도는 미지근하다. 따뜻하다. 그래서 오래갈 수 있다. 이 세상에 뜨거운 것은 많다. 짜릿한 것도 많다. 멀티미디어 환경을 비롯해 많은 분야에서 과상 자극hypernormal stimulus이 용암처럼 뜨겁게 넘쳐나는 동안 일상의 소중함이라는 그 가치가 시나브로 상실되고 있다는 걸 우린 눈치채지 못한다. 일상다반사를 잃지 않는 것은 생각보다 어려운 일이다. 미지근한 일상의 온도가 얼마나 귀하고 소중한지 깨닫는 데 평생이 걸리기도 한다.

일상다반사의 품격

일상다반사가 잔잔히 흘러가는 삶은 다정하다. 놀랍고 특별한 일이 벌어지는 나의 삶이기도 하지만 특별할 것 하나 없는 삶이기도 하다. 그런 삶을 사랑한다. 적극적으로 긍정하는 바다. 알다가도 모를, 예측 불가능한 삶을 기꺼이 인내하고 품어내는 부부애와 가족애, 그 뿌리에 일상다반사의 힘이 에너지로 흐른다. 일상다반사를 기쁘게 나누는 부부의 결합과 가족의 하모니, 참으로 다정하고 소중하지 않은가? 이것이 진정한 품위 아닐까? 반복되는 일상 속, 그 반복을 깊이 있게 행할 때 부부와 가족의 삶에 품격이 자리 잡을 것이라 기대한다.

"오늘 하루 어떠셨나요?"

4
결국 상처는
아문다

서로를 온전히 바라볼 때 관계는 깊어진다.
너와 나의 내면이 깊이 만날 때
마음의 상처는 아문다.
아문 그 자리에 새로운 것이 찾아온다.
너와 나 사이에 한결 편안한 존중과
다정한 사랑이 싹틀 것이다.

마음의 환부를
치료하는 눈물

우리 모두의 마음에는 환부患部가 있다. 나약한 인간일 뿐인 우리는 고통의 문제에서 자유로울 수 없기에 신체의 환부처럼 마음의 환부에도 진정 어린 손길이 필요하다. 위로, 공감 그리고 희망이 필요하다. 이는 마음의 환부가 뿜어내는 고통을 견디고 인내하도록 돕는다. 버텨내게 도와준다.

그러나 그 위로가 감상적이고 공감이 형식적이며 희망이 공허할 때 그것은 환부에 대한 기만에 불과하다. 현실에 맞지 않는 감상적 위로, 진정한 울림이 결여된 형식적 공감, 현실을 외면한 공허한 희망은 마음의 환부를 더 상하게 한다. 결국 미봉책은 미봉책임이 드러나고 고통만 배가된다.

마음의 환부에 필요한 것은 **정확한 치유**다. 정확한 수선, 본질적 쇄신을 말한다. 환부에 직접적으로 다가가 무언가를 해야 한다. 환부를 도려내고 그 자리에 새살이 돋아날 수 있게, 환부의 주인인 내가 정확하게 치유하겠다고 결심해야 할 테다. 듣기 좋은 소리만 가려 듣고 불편한 진실 앞에서 도망가는 등 그간에 행해오던 심리적 편식을 더는 행하지 않겠다는 냉철한 결단이 필요하다.

마음속 환부, 원형적 장애, 병의 뿌리에 용기 있게 다가가 점검할 때 진정한 치유와 회복의 길이 열린다. 물론 고통스럽다. 전혀 달콤하지 않고 편하지 않다. 마음의 환부를 들여다보는 일은 즐거운 일이 아니며 자연스러운 일도 아니다. 하지만 지극히 의미있고 보람된 일이다. 이때 슬픔과 고통 속에 흐르는 눈물은 값진 눈물, 씻김의 눈물이다. 강물과 같이 흐르는 이 눈물이 슬픔과 고통을 넘어 뜨겁게 마음을 치유할 것이다.

진정한 관심과 사랑

일견 냉정해 보이더라도 내 환부의 본질적 치유를 기도하는 사람, 본질적 치유의 과정에 실질적으로 함께 뛰어드는 사람, 말하기보다 경청에 진심인 사람, 불편한 진실을 말하기 전에 깊은 사랑을 확고히 느끼게 해주는 사람, 섣부른 충고가 아니라 신중히 의논하는 사람, 비판과 참견 어린 호기심이 아니라 진심 어린 염려와 관심을 보이는 사람이 나를 진정으로 사랑하는 사람이다. 경청의 자세 없이, 객관적 시선 없이, 사랑의 마음 없이 우월감으로 뒤덮인 위로와 공감, 조언은 듣는 이에게 해가 될 뿐이다. 현실을 외면한 감상적 위로, 형식적 공감, 공허한 희망을 거부하자. 충고하고 조언하며 우월감을 자랑하는 사람을 멀리하자. 마음의 환부에 정확한 치유가 일어나기 위해 궁극에 필요한 것은 바로 **진정한 관심과 사랑**이다.

모든 집안에는
비밀이 있다

　모든 가족은 암묵적인 합의하에 공동의 비밀을 품고 살아간다. 화목해 보이는 집, 사회적으로 성공한 아버지를 둔 집, 자녀들이 모두 일류대학을 나온 집, 경제적 여유가 넘치는 집, 모든 게 잘 풀려 보이는 집…. 당연히 추한 겉모습보단 아름다운 겉모습이 좋다. 하지만 겉모습은 겉모습일 뿐, 그 이상의 것을 설명하거나 무언가를 보장하지 않는다. 되레 껍질이 화려할수록 그 안에 감추어진 비밀과 아픔이 더 깊다는 아이러니를 만날 때가 많다.

　장막을 한 겹 거둬보면 장막 아래 숨겨진 비밀이 고스란히 그 실체를 드러낸다. 폭력 부모, 외도 부모, 알코올중독 부모, 폭력 배우자, 질병과 유전병, 정신질환을 앓는 가족, 가족 간 절연, 자살, 약물 중독, 헤어날 수 없는 가난, 애정 결핍, 자녀의 일탈, 성추행과 성폭행, 부모의 이혼, 자신의 이혼, 애정 없는 배우자, 정서적 이혼, 사이비 종교에 빠진 부모, 1등을 강요하는 부모, 이혼과 재혼을 숨기며 사는 사람들, 포르노 중독, 엄청난 빚더미… 인간사에는 일어나지 못할 일이 없음을 재삼 깨닫는다.

가족 구성원이 아닌 제3자 눈에 훤히 보이는 외적인 것들은 그다지 중요한 게 아니다. 한 가족의 정신 건강과 성숙도, 안정성을 결정하는 것은 가족 내 존재하는 비밀과 관련이 크다. 그 가족 구성원이 아니면 모르는 것들, 비밀 속 '그것'이 가장 중요하다. 그 비밀이 내 인성과 정신 건강에 강력한 영향을 미치고 대인 관계 패턴, 성취, 두려움과 공포, 방어를 설명해 준다. 우리가 '그것'을 숨기고 감추고 부인하는 데 드는 에너지는 생각보다 어마어마하다. **비밀은 큰 대가를 요구한다. 진짜 나를 잃어버린다.** 오래된 비밀의 힘을 무시하지 말아야 한다.

드러내야 씻어낼 수 있다

상담과 심리치료는 나의 비밀을 만나고 고백하는 시간이다. 비밀을 품고 사느라 쌓인 병적인 긴장과 경계심을 풀고 거짓 자기의 가면을 벗고 이완하는 시간, 내가 나 자체로 앉아 있어도 되는 시간, 비밀 속에 드리워진 소리 없는 아픔과 슬픔, 충격을 안전한 환경 속에서 드러내고 이해받는 시간이다. 그래서 나는 비밀을 만나고 어렵사리 드러내는 용기 있는 사람을 언제나 응원한다.

드러내야 씻어낼 수 있다. 비밀을 내 인식 안으로 불러와 작업하고 소화할 때 그것은 더 이상 나를 짓누르는 응어리, 외면하고 치워야 하는 돌덩이가 아닌 나의 역사가 되고 내 길이 된다. **내가 앞으로 걸어갈 길, 진짜 내 이야기의 시작이다.**

내 아픔을 만나고 드러내고 보듬을 때 그것은 더 이상 내게 덕지덕지 붙어 있지 못한다. 씻겨 내려간다. 아픔이 씻겨 내려갈 때 원망도 씻겨 내려간다. 나를 아프게 한 상대에 대한, 미움 가득한 가족에 대한, 무자비하고 냉담한 이 세상에 대한, 힘겨웠던 숙명에 대한 원망이 녹는다. 오래된 원망은 의식적인 작업을 통해서만 씻겨 나간다. 시간과 정성을 들여야 씻겨 나간다. 씻겨 나간 그 자리에 새로운 것이 찾아온다. 받아들임, 편안함, 해방과 온정 그리고 조용한 감사가 찾아온다. 치유가 시작된 것이다.

비밀 나눌 상대를 지혜로이 고를 것

오래된 비밀일수록 그 비밀을 나눌 상대를 선택할 때 분별력을 발휘해야 한다. 상대가 꼭 가족이거나 지인이거나 친밀한 사람일 필요는 없다. 신뢰할 수 있는 사람, 숙명적 아픔을 넘어 성장하려는 당신의 고군분투를 소중히 여기는 사람, 인간의 아픔과 고통에 대한 감수성 그리고 건강한 논리 구조와 이해력을 지닌 사람, 무엇보다 따뜻하고 다정한 사람에게 털어놓는 게 중요하다. 진정한 어른을 찾아야 한다. 하지만 그런 사람을 찾기가 쉽지만은 않다. 그런 이를 알아보는 안목을 스스로 지니는 게 필요하다.

내가 아닌 타인과 비밀을 나눈다는 것은 비밀을 없앤다, 나의 비밀을 만인에게 개방한다, 비밀을 여기저기 알리겠다는 의미가 아니다. 해방과 자유, 성장으로 가기 위해 내 마음 저 깊은 곳에 어둡게 고여 있는 과거의 그 일, 그 상황에 빛을 비추고 궁극에는 **흘려보내는 작업**이다. 폐쇄된 방의 창문을 열어야 창문으로 따스한 햇살이 들어온다. 나에게 진정한 관심과 사랑이 있는 누군가와 신뢰를 바탕으로 함께하며 이해받고 놓여나 내 길을 가기 위함이다. 자기 수용이자 자기 용서의 시작이다. 그 곁에 나를 돕는 타인이 있는 것이다. 한 명이면 된다. **마음을 씻는 작업은 타인과의 대상관계 안에서만 이뤄지는 고귀한 성취다.**

가해자를 마음에서
떠나보낼 것

이혼 후에도 꾸준히 개인 상담 중인 A씨는 자신에게 고통을 준 남편과 시어머니에 대한 이야기로 여전히 상담 시간을 채우고 있다. 그녀의 이야기를 들으면 현재 그녀가 기혼 상태에서 부부 문제로 상담받고 있는 사람이라고 착각할 정도다. 모든 게 현재형이다. 그녀의 마음 안에서는 오늘도 기실 감정적 가해자가 생생히 살아 숨 쉬고 있다.

학부모 모임에서 왕언니로부터 부당한 대우와 지시를 받고 있는 S씨는 오늘도 한숨을 내쉬며 상담을 시작한다. 왕언니의 막말 에피소드는 오늘도 변함없다. 자신의 상처 입은 마음을 추스를 새도 없는 S씨는 "그 모임은 핵인싸 모임이어서 빠져나올 수 없어요. 왕언니가 너무 싫어서 화병에 걸릴 지경이지만 그 앞에선 웃는 게 습관이 됐어요. 저는 학부모들 사이에서 절대 소외되고 싶지 않아요."라며 미간 주름이 깊이 팬 얼굴로 화병을 가라앉힐 묘책을 내게 요구한다.

실핏줄이 비치는 새하얀 얼굴의 내담자 T씨는 대학원 박사 과정 휴학생이다. 휴학을 하지 않았다면 과정 3년 차에 접어들었을 것이다. 더 이상은 참기 힘들다는 것을 인정하고 휴학계를 던지고 뛰쳐나왔다. 지도교수의 부조리하고 착취적인 행동을 다 받아내던 T씨에게 공황장애가 찾아왔기 때문이다. 이제 더 이상 한밤중에 응급실로 달려가는 일은 없어졌지만 여전히 지도교수가 나오는 악몽을 꾼다.

무례하고 무자비한 가해자

가족 관계를 넘어 연인, 친구, 직장 동료, 이웃, 학부모 모임, 사제지간 등 두 사람 이상 모이는 곳에서 스트레스와 갈등, 분노와 좌절, 아픔과 고통, 소외감이 불쑥불쑥 발생한다. 그들의 고통을 들여다보면 그들에게 아픔과 상처를 주고 무신경하게 행동한 타인이 있다. 때론 거칠고 가혹하기까지 하다. 착취에 가까운 아픔을 던져주는 이들도 허다하다. 감정적 가해자는 병식insight이 부족하다. 자신의 말과 행동이 갖는 의미와 무자비성, 대가를 알지 못한다. 아니, 알려고도 하지 않는다. 자신의 모습이 상대에게 어떻게 느껴지고, 어떤 영향을 미치며, 어느 정도의 아픔을 주는지, 어떤 식의 부당함을 느끼게 하는지에 무관심하다.

감정적 가해자가 이러는 것은 상당 부분 자기중심성 때문이다.

한 걸음 더 나아가면 자기애에 다다른다. 이들에게 공동체는 상부상조의 장이 아니라 자기를 위해 존재하는 액세서리다. 이들은 자신의 상처와 아픔에만 극히 민감할 뿐, 타인의 상처와 아픔, 안녕, 고뇌 그리고 마음에는 둔감하다. 자신은 특별하기에 스스로에게는 한없이 너그럽지만 타인에게는 엄격하고 가혹하기 그지없다. 타인에게 상처를 주고 모질고 무신경하게 행동하는 이들을 당신이 바꾸거나 무언가 깨닫게 하는 건 불가능에 가깝다. 이들은 어떤 경우에도 자신에게는 문제가 없고 잘못도 없다고 확신한다.

아픈 나를 위해 무엇을 할 수 있을까

나에게 병적인 아픔을 지속적으로 주는 대인 관계라면 손절하는 것이 맞다. 하지만 손절하기 어려운 관계도 있기 마련이고 관계를 정리하겠다는 결단이 선뜻 생기지 않는 관계도 허다하다. 사정과 속내가 얽히고설켜 있다.

자, 물리적이건 심리적이건 손절할 수 없는 대인 관계라면? 당신은 아픈 자신을 위해 무엇을 할 수 있을까? 당신 스스로 **숙고의 시간, 내적 작업의 시간을 마련하는 것**이 성숙한 해법을 열어주는 유일한 길이다. 상대의 모질고 무례한 태도로 괴로울 때, 표현하지 못한 분노에 눌려 홀로 바닥을 경험할 때, 그곳이 결코 끝이 아님을 기억하자. '부당하게 고통받은 나'로 당신의 이야기가 끝나는 것이 아님을 기억하자. 바로 거기에서 무엇인가 할 수 있음

231

을 믿자.

일단 상대와 거리를 두자. 아주 약간의 거리여도 괜찮다. 그리고 기다려라. 쉬어라. 바닥이 아니라면 경험할 수 없는 인간의 얼굴, 대인 관계의 진실, 인간의 이기심과 잔혹함, 어리석음과 모순 그리고 연약함을 있는 그대로 체험하자. **타인에 대해 그리고 인간에 대해 적나라하게 깨닫는 이 시간**을 학습의 장으로 삼자.

내가 나를 일으켜 세우며 배우는 것들

이때야말로 나 자신에 대해서도 새로이 보게 되는 기회가 된다. 내 ego가 나 self를 일으켜 세우는 과정이 시작된다. 내 안의 숨어 있던 재생의 힘을 일깨워 회복의 길 위에 선다. 이 과정을 통해 당신이 배우는 건 **보편적 인간성**이다. 인생 곳곳에서 만나는 다양한 사람들, 독특한 인간 군상을 통해 역설적으로 우리는 인간 모두에게 적용되는 **보편적 진리**를 배운다. 인간에게 분명한 선과 악이 존재한다는 것, 건강한 사람과 건강하지 못한 사람이 실재한다는 것을 배운다. 또 상대방을 바꿀 수 없다는 것, 관계가 한결같을 순 없다는 것, 절대로 끊을 수 없는 관계는 없다는 것, 관계에서 통증과 부당함은 언제든 발생할 수 있고 그럴 때는 건강히 거리를 둬야 한다는 것을 배운다. 상대의 문제가 지배적이라면 정리와 손절 타이밍을 잘 잡는 것도 대인 관계의 지혜라는 것, 좋은 사람을 만나는 것도 관건이지만 심리적으로 건강한 사람을 선택하는 내 안목도 키워야 한다는 걸 배운다. 이 모두가 보편적인 인간에 대한 이야기다.

　이 시험대를 통해, 고난이 아니라면 맞닥뜨리지 못했을 것들을 배운다. 상처 입은 나를 치유함으로 내 안에서 씻겨 나갈 것들을 씻어낸다. 토해내는 과정을 통해 나의 확장과 쇄신도 시작된다. 고난에 대한 소화력이 생긴다. 다시 일어난다. 나를 아프게 한 사람만이 주는 역설적인 선물이다. 타인의 무자비함과 무례함 앞에서 상대를 되받아 공격하는 게 아니라 나 자신의 자리로 돌아와 정비하고 학습할 때 받을 수 있는 인생의 선물이다.

가해자를 이제 마음에서 떠나보내라

　당신을 아프게 한 그 사람에게 더 이상 뭐라 할 필요가 없다. 가해자에 대한 미움과 원망, 복수의 마음도 부질없다. 경우에 따라 상대와의 관계를 실제로 끊거나 정리하는 것이 최선의 방안일 때도 있다. 당신이 먼저 조용히 상대의 레이더망에서 사라지는 게 최적의 전략일 경우도 있다. 끊을 수 없는 관계라면 **일단 상대와 일정 거리를 두고 내 자리로 돌아와 성찰하고 숙고하라. 성숙한 고요를 선택하라.** 내게 주어진 일상 속 현실적인 일들을 처리하고 독자적으로 많이 움직이자. 이게 품위 있는 대응의 시작점이다.

　그리하여 이제 아픔의 경험은 약이 되기 시작한다. 그 약이 약효를 발휘할 시간을 주자. 인내하며 기다리자. 아픔과 고난을 침착히 겪어내고 조용히 소화한 사람의 내면은 깊어지고 넓어진다. 심리적 역량이 풍부해지기에 세상살이가 전보다 수월해진다. 그렇게 지내다 어느 날 자신을 돌아보면 불현듯 느낄 것이다. 마침내 감정적 가해자로 인한 아픔과 원망이 눈 녹듯 사라져 있는 내 마음을! 이것이 진정한 승리 아니겠는가.

상처와 아픔, 괴로움과 고난의 시간을 우아하게 견디자. 인간적 품위를 지켜나가자. 가해자를 이제 마음에서 떠나보내라. 너는 너, 나는 나다. 아픔이 옅어지는 것만으로도 충분하다.

행복에 이르는 길은
몇 개일까

인생에서 묘책을 찾는 사람은 쉽게 불행을 느낀다. 그들에게 인생은 다양한 세상이 아니라 하나의 답이 정해져 있는 곳이다. 행복을 거머쥐기 위해 갖춰야만 하는 조건들이 명확하다. 경쟁이 붙고 줄을 선다. 그들에게 행복으로 가는 길은 딱 하나다. 그러다 보니 애매모호한 선택의 순간이나 위기, 난관 앞에서 불안이 급상승한다. 손해 보면 안 된다. 묘책과 비법에 대한 욕구는 커져만 간다. 그것을 찾아 나선다. 마법과도 같은 비법이 있다고 믿기에 '최고의 그 하나'를 찾아 나서는 사람은 흑백논리와 조급증의 화신이 되어버린다. 실패하지 않기 위해, 루저가 되지 않기 위해 수단과 방법을 가리지 않는다.

최적의 선택

위기를 용기 있게 해결하고 인생을 원만히 살아내며 전진하는 사람의 특징은 무엇일까? 묘책이나 비법을 찾는 게 아니라 스스로 **최적의 선택**을 한다는 것이다. 그들은 탐욕적이지 않다. 자기 자신에 대한 확신이 있지만 외부 현실도 명확히 인지한다. 많은 것을 통제하려 하지 않는다. 특히 행불행을 통제하려 하지 않는다. 자신이 처한 현실을 관찰하고 숙고하며 분별하다가 적절한 타이밍에 현실적인 **최적의 방안**을 선택한다. 멈춰서 결단해야 할 **최적의 순간**을 안다.

그들은 인생이 대로와 지름길로만 이뤄져 있는 게 아니라는 걸 알기에 조금 돌아가더라도, 잘못된 길에 들어섰다는 걸 알게 되더라도 감정을 잘 추스른다. 그 지점에서 인생을 배우고 경험을 정리한다. 그들에게 인생은 다양성이 숨 쉬는 곳이다. 내 뜻대로 되지 않는 곳이지만 그럼에도 의외로 살 만한 곳임을 믿는다. 그렇게 다양성을 누림으로써 새로운 것을 배운다. 배움이 곧 행복이다.

인생에서 불어오는 외풍을 무시할 수 있는 인간이 있을까? 현실적이고 지혜로운 사람이라 하더라도 매번 외풍을 넘어서서 최적의 선택을 할 수만은 없다. 현명하다는 것은 상황이 여의치 않을 때는 미흡하더라도 대안을 찾아 수용하는 낮은 자세를 취한다는 뜻 아닐까? 아쉬움은 과감히 털어버린다. 뒤돌아보지 않는다. 기대 수준을 낮춰야 할 때를 감지하고 낮출 줄 안다. 자신의 한계, 상황적 한계를 정확히 고려한다. "최고가 되어야 해. 완벽하게 처리할 거야. 적어도 이 정도는 되어야지."라고 고집하지 않는다. 그들은 완벽을 추구하지 않는다. 대신 완료를 기뻐한다. 현실을 정확히 보고 숙고하며 최선을 다했다면 그들은 **미흡하더라도 만족한다.** 미흡하지만 행복할 수 있음을 안다. 미련 없이 털어버린다. 아님 말고. 종종 그렇게 가벼워진다.

행복에 이르는 길은 수만 가지다. 위기와 난관을 해소하는 방법도 수만 가지다. 행복과 만족을 위해 단 하나의 묘책을 찾고 고집하는 것은 자기중심성, 강박관념과 불안일 뿐이다. 무의식적으로 특별 대우를 바라는 것일 수도 있다. 내 사고방식과 내면세계가 의외로 허술할 수 있고 오류일 수 있음을 받아들이지 않는 것이다. 내가 갈망하는 그것이 꼭 그만한 가치가 있는가? 내가 집착하는 그 행복의 조건이 제대로 된 조건인가? 현실적으로 가능한 조건인가? 검증한 적이 있는가? 그건 누구의 생각인가? 주입된 생각인가, 내 생각인가? 자신의 판단력과 세계관을 검증하지 않고 과신하는 사람이 많다. 자신의 허술함과 엉성함을 아는 것이 지혜다.

뜻밖의 기회

인생은 시간을 통과하는 것이다. 통과하며 내가 넓어지고 단단해지는 과정이다. 인생에는 뜻밖의 불행도 오지만 뜻밖의 행운과 행복도 찾아온다. 뜻밖의 박탈도 있지만 뜻밖의 기회도 주어진다. 알 수 없는 세상에 나를 기꺼이 던짐으로써 다양한 경험을 채워가는 경험 부자가 되는 게 진정한 행복 아닐까? 나만의 대서사를 만들어가는 것, 참 멋지지 않은가? 하나의 묘책, 비법, 지름길, 최상의 선택, 완벽한 해법이 아닌 최적의 선택을 통해 나의 서사를 풍부하게 써 내려가자. 시행착오는 우리를 단련시켜 궁극에는 더 좋은 곳으로 데려다준다. 사랑과 고생이 교차하는 이 세상은 의외로 다정한 구석이 많기 때문이다.

최적의 나로
거듭나는 길

제자 Y와 마주 앉았다.

"같이 시식해 보죠, 선생님."

신제품이라며 신기하게 생긴 둥글납작한 과자를 건네주었다. 함께 오물오물 먹으며 이야기를 시작한다.

Y 선생님, 성격이 바뀌나요? 친구가 자기 성격을 바꾸고 싶다 말해서요. 사람이 변화할 수 있다 생각하시나요?

김 음, 그 친구는 어떤 마음인 걸까요? Y는 주변에서 성격이 바뀐 사람을 본 적이 있나요?

Y 아, 그렇게 생각하니 성격이 바뀐 사람을 본 적이 없는 거

같네요. 하하.

김 그런가요? 성격은 바뀌는 부분이 있고 바뀔 수 없는 부분이 있습니다.

Y 아, 그런가요?

김 우선 바뀐다, 변화한다는 개념을 현실적으로 볼 필요가 있어요. 성격이 바뀐다는 것은 무엇이 어떻게 된다는 뜻인가? 사람이 변화한다는 것의 실제적 정의가 무엇일까? 바뀌고 변화할 때 어디까지 바뀌고 어느 선까지 변화할 수 있는가? 현실적으로 봐야 해요. 성격이 바뀐다는 말 안에 긍정적 발전과 성장에 대한 소망이 내포돼 있다고 전제할 때 저는 두 가지 기준을 말할 수 있어요. **자신에 대해 알아가는 것** 그리고 **새로운 것을 배우며 내 경계를 넓히는 것**, 이것이 변화의 관건이에요. 이 두 가지 기준을 기억하면 성격이 바뀐다는 관념을 현실적으로 실현할 수 있지요. 심리적으로 더 건강하게 변화할 수 있습니다.

Y 좀 더 자세히 설명해 줄 수 있으세요?

김 인간이 자기 자신에 대해 알아가는 것은 매우 가치 있는 일이에요. **나의 목소리**를 듣는 것이죠. 자기 인식self-awareness은 중요하고 유용한 개념이에요. 메타인지와도 일맥상통해요. 자신을 성찰하는 능력이지요. 한 걸음 떨어져 내가 나를 바라보면 스스로에 대해 많은 것을 알 수 있어요. 객관적으로 알게 됩니다. 여기에는 자신의 감정과 느낌, 생각을 알아차리는 것도 포함되죠. 이 알아차림은 적응에 필수적입니다. 자기 인식 능력을 키우기 위해서는 한 발 떨어져서 자신을 관찰하는 훈련을 꾸준히 해야 합니다. 이 능력은 훈련을 통해 획득 가능하고 한 번 생기면 없어지지 않아요. 자신에 대해 알아가는 것에서 제가 특히 강조하고 싶은 것은 자신의 **아킬레스건**을 아는 것이 중요하다는 겁니다.

Y 아킬레스건이요? 단점? 취약점? 약한 부분을 말씀하시는 거죠? 그걸 알고 있으면 좋은 점이 있을까요? 사실 그다지 마주하고 싶지는 않은 부분이라서요.

김 자신의 아킬레스건에 대해 알아야 스스로를 **보호**할 수 있어요. 적응 측면에서 내가 나를 보호하는 건 아주 중요해요. 나의 아킬레스건은 무엇이고 나의 정서적 핸디캡은 어떤 것인가? 양질의 적응을 위해선 이를 파악해 내 안에 녹여낼 수 있어야 해요. 심리학에서는 이를 통합이라 합니다. 진정한 성숙 상태이죠. 장점만 가득한 사람, 완벽한 사람이 성숙한 게 아니라 **자신의 굴곡진 여러 면모를 자신의 경계 안에 온전히 받아들이고 통합해 낸 사람이 성숙한 사람이지요.** 아킬레스건을 감추려 하고 정서적 핸디

캡을 거부하는 건 내가 나를 쳐내는 겁니다. 그럴수록 그림자 영역만 더 넓어지고 짙어질 뿐이고 결국 그 면적과 깊이가 나를 지배하게 됩니다. 그림자가 넓고 짙은 사람은 자기 자신을 보호할 수 없어요. 자기에 대해 제대로 모르기에 자신을 어떻게 아껴야 하는지 알지 못합니다. 자신의 내면으로 들어가지 못하기 때문이기도 하고요. 자신을 미워하며 계속 은폐하기에 거짓 자기만 팽배해져요. 자신의 아킬레스건을 알고 스스로를 보호할 때 치명적인 아픔도 예방하고 피할 수 있다는 걸 기억하세요.

Y 두 번째로 말씀하신 '새로운 것을 배우며 내 경계를 넓히는 것'은 어떤 의미일까요?

김 한 인간에게 성격이라는 틀이 있다고 합시다. 성격의 틀, 그 경계를 허물고 이질적인 것들을 배워가는 것이 중요해요. 그럴 때 마음 영역이 넓어져요. "당신의 경계를 터치하라Touch your boundary"라는 말을 저는 참 좋아해요. 외부 세계external world와 내면 현실internal reality이 끊임없이 교류하는 게 삶인지라 저는 이 말이 건강한 구호처럼 느껴져요. 외부 세계와 내면 현실, 둘 다 중요하기에 이 두 축을 균등하고 온전하게 통합해 낼 때 비로소 양질의 적응을 이룰 수 있지요. 내가 한정시킨 내 틀에 머물러 기존 것만 고집하면 완악해질 뿐이에요. 적응하며 살아간다는 것은 나의 틀을 유지하면서도 외부의 새롭고 이질적인 것을 개방적인 눈으로 바라보고 습득하는 것, 그럼으로써 내 경계가 탄력적으로 열리고 넓어지는 것이죠. 배우는 태도가 굳건한 사람에게 이 세상은 보물 창고나 다름없습니다.

Y 선생님 말씀을 듣고 나니 더 이상 '성격이 변한다-변하지 않는다', '사람은 바뀐다-바뀌지 않는다' 같은 논쟁은 불필요하다는 생각이 듭니다. 언젠가 제게 말씀해 주신 자기 혁신, 자기 쇄신도 떠오르고요.

김 하하. 그런가요? 나는 나입니다. 모든 존재는 이유가 있어요. 자기 발전과 성장이 중요하다고 내 성격을 가혹하게 평가하거나 변화 강박에 시달릴 필요는 없어요. 모난 부분은 다듬고 반짝이는 부분은 탁월하게 살려내면 됩니다. 한 인간을 이루는 바탕은 100% 생물학적인 것도 아니고 100% 심리학적인 것도 아니에요. 모두 유전적이고 태생적인 것도 아니고 전부 환경과 경험을 통해 후천적으로 만들어지는 것도 아니지요. 인간 존재가 어떻게 구성되어 있는지 우리는 영원히 그 비밀을 풀지 못할지도 몰라요. 내 성격을 못마땅하게 여기고 미워하면 성격은 그 사람에게 감옥일 뿐이지요. 내가 나를 거부할 때 삶은 괴로움 그 자체입니다. '나'라는 큰 틀을 숙명으로 받아들이고 그 내용과 구성 요소를 최적으로 활용하세요. 성격의 상당 부분을 포함하여 자신에게 주어진 숙명을 사랑할 때 궁극에는 나만의 위대한 운명을 만나게 되는 것이죠. 내 목소리를 찾는 것이랍니다. 그래, 내가 이 별을 따기 위해 그런 일을 겪을 수밖에 없었던 거야. 이게 나야. 그렇게 상처가 별이 되지요(Scars into stars). 기억하세요. 나만의 반짝이는 순간을 누리며 상처가 별이 된다고 말할 수 있다면 그게 곧 **자기실현**이라는 것을요. 진짜 내러티브, **나다움**이 탄생하는 것입니다.

> 만인의 눈에 드는 선망의 대상이나
> 최고의 어떤 타인처럼 되려 하지 말고
> '최적의 나optimal self'가 되도록 하자.

성장의
조건

인간은 계속 성장할까? 언제 성장할까? 당신이 잠든 사이에?

"병상에 누워 있는 환자도 성장한다."

문필가이자 사상가 함석헌의 문장이다. 스스로 의식하든 의식하지 못하든 우리는 끊임없이 성장하고 있다. 본능과 욕구뿐 아니라 정신과 마음을 지닌 인간 존재이기에 신체 성장이 끝나고 노화 가도를 달리더라도 **심리적 평생 발달**이라는 일생의 성장 과업은 숙명처럼 우리 모두에게 주어진다.

신체 성장이 완결된 후라 하더라도 마음과 정신이 성장하고 사회 속 일원으로서도 나날이 성장한다. 이 모든 성장이 어우러져 영적 진화spiritual evolution가 이뤄지는 것이다. 인생 전체를 가로질러 **전인성, 온전성**을 향해, 그리고 **통합**을 향해 성장해 가는 존재가 바로 인간이다.

성장을 향해 출발하다

우리는 '성장'이라 하면 쑥쑥 자라는 것, 전진, 새로운 변화를 떠올린다. 위로 뻗어나가고자 한다. '이렇게 되고 싶다'며 내게 현재 없는 것들을 갖거나 지금과 다른 상태가 되길 원한다. 성장의 방편으로 새로운 그 무엇을 원하고 그것이 내게 더하여지길 바란다.

하지만 성장을 원한다면 그전에 돌아봐야 할 중요 과업이 있다. 앞서 기술한 '낡은 나'를 기억하는가? 거기에서 출발하자. 나에게 새로운 것을 더하기 전에 내 안의 낡은 것, 쓸모없는 것, 구태의연한 생각과 마음가짐을 과감히 버리는 것이 전제되어야 한다. 낡은 나를 버려야만 그 자리에 새로운 것이 들어올 수 있으니 그것들을 정리하고 청산하는 것이 성장의 선결 조건이다. 자기 혁신, 자기 쇄신은 무조건 새로운 것을 추구할 때 발생하는 게 아니라 낡은 나를 버릴 때 시작된다. 낡은 나를 떠나보내기 위해서는 역설적으로 낡은 나에 관심을 가져야 할 것이다. 정신없이 돌아가고 있는 낡은 모터를 먼저 끌 수 있어야 할 것이다.

관계 안에서 성장하다

우리는 관계 안에서 상처도 입고 아픔을 겪지만 결국 관계를 통해 성장한다. 대인 관계 갈등을 성장의 동력으로 삼아야 하는 숙명을 타고난 것이다. 어떤 마음가짐을 지닐 때 이 숙명을 성숙하게 품어낼 수 있을까?

나는 나, 타인은 타인이라는 생각을 가진 사람이 좋은 대인 관계를 맺는다. **타인이 나와 다른 존재라는 걸 인정하는 것이 출발이다.** 우리의 삶은 "나와 성격이 맞지 않는 사람과 어떻게 하면 잘 지낼 수 있을까?"를 고민하는 가운데 성장한다. 인간은 그렇게 구속 안에서 성장한다. 구속 안에서 이질감을 견디고 흡수함으로써 발전한다.

　　나의 성장을 위해선 타인이 있어야 하는 것이다. 타인에게 나 또한 상대의 성장을 돕는 존재이기도 하다. 어디까지가 나이고 어디부터 너인지 건강하게 경계를 세운 상태에서 타인과 깊이 있게 연결되는 것이 건강한 대인 관계의 핵심 동력이다.

　　물론 쉽지 않은 도전이다. 하지만 분명히 가치가 있다. 타인이 나와 다른 존재라는 것을 인정하고 나와 성격이 맞지 않는 사람과 원만함을 이루는 법을 고뇌하지 않으면 결론은 하나뿐이다. 상대방을 비난하며 파괴적 상호작용을 하게 될 뿐이다. 상대를 이해하기 위해선 **온몸과 온 마음으로** 관심을 쏟아야 하고, 그래도 전부 알 수는 없다는 걸 인정하는 겸허함이 필요하다. 성장 속에는 반드시 타인, 대상이 있기 마련이다. 타인은 감사한 존재다.

　　인간이 성장하기 위해선 곁에 있는 타인이 정말 중요하다.
　　타인은 성장의 절대 조건이다. 아니, 인생 그 자체다.
　　인생은 '대상과의 관계' 속에서 이어진다.

너와 나

흥미로운 것은 거꾸로 보면 나 또한 상대에게는 타인이자 대상이라는 것이다. **인간은 모두 자기 자신인 동시에 타인의 대상이다.** 주체이자 객체인 나 자신을 내가 적극적으로 긍정하고 돌보고 가다듬는 게 중요하다. 스스로 책임져야 할 엄숙한 과업이다. 특히 나의 정신 건강 수준, 심리 상태를 책임지는 게 중요하다. 자신의 정신 건강 수준에 관심을 기울이자. 이것은 세상을 보는 눈을 갈고닦는 귀한 작업이기도 하다. 본능, 의식, 양심을 모두 아우르는 것이다.

정신적 성숙도라는 측면에서 자기 자신을 객관적으로 바라보고 성실히 연마하는 자세, 그 가치는 이루 말할 수 없이 귀중하다. 그런데 사람들은 대개 눈에 보이는 부분만 연마하곤 한다. 연애나 결혼도 성격이 맞는 사람이 아니라 정신적 성숙도가 유사한 사람끼리 만나고 매혹되는 과정이다. 심리적, 정신적 발달 수준이 결정적이다. 무의식의 눈은 그 발달 수준이 유사한 사람을 단박에 알아본다. 첫눈에 '클릭' 소리가 난다. 그리고 그것이 긴 세월 이어져 자녀에게 대물림된다.

하강 성장

제자 Y는 오늘도 질문을 이어간다.

Y 선생님, 저는 성장을 그저 자라나는 것, 커지는 것, 뻗어나가는 것으로 생각하고 있었는데, 곰곰이 생각해 보니 제가 생각하는 성장의 방향성과는 좀 다른 방향성이 있는 게 아닌가 하는 의문이 들었어요.

김 그런가요? 아주 좋은 의문입니다. 성장에도 방향성이 있어요. 맞습니다.

Y 제 의문이 제대로 된 의문이라니 다행입니다. 그 방향성이란 게 어떤 것일까요? 애매모호하지만 알 것 같기도 하고 명확하

지는 않습니다. 긴 안목으로 볼 때 어떤 방향을 향하는 게 바람직한 걸까요?

김 저는 하강 성장을 추구합니다. 성장의 기쁨은 상승에만 있는 게 아니죠. 위로 뻗어나가는 것만이 성장은 아니랍니다. 오히려 상승만 추구할 때 자칫 성공 중독이 될 수 있어요. 붕 떠버리는 거죠. 궁극적으로 진짜 어른으로 성장하는 삶의 핵심은 **뿌리와 깊이**입니다. 좁은 문으로 들어가길 힘쓰라는 성경 구절이 있어요. 이것도 하강 성장과 같은 맥락입니다. 하강 성장은 땅에 두 발을 단단히 짚고 서는 것을 말합니다. 내게 주어진 그 자리에서 깊이 있게 뿌리내린다는 의미예요. **내 자리**는 존재가 궁극적으로 태어난 이유이자 그 존재의 가치입니다. 내 자리에 서서 단단하고 깊이 있게 뿌리내린 나무에서 궁극의 결실, 열매가 맺어진답니다. 그 결실을 공동체와 나누는 것이죠. 이게 진정한 성장이에요.

Y 내 자리에서 뿌리를 내린다고 하셨는데, 뿌리내리기 전에 내 자리를 찾는 것도 쉬운 일은 아닌 것 같아요.

김 맞습니다. 쉽지 않지요. 시행착오 속에서 자기 자리를 찾을 수밖에 없어요. 이것을 **자아 정체성**이라고도 합니다. 인간은 자기 자리에 뿌리내리지 않고는 참모습이 발현될 수 없어요. 물론 자기 자리가 아닌 곳에서도 능력을 발휘하며 살아갈 수는 있어요. 금전적 보상, 경쟁심, 타인의 관심과 인정, 찬사와 갈채만으로도 인간은 사회적으로 뛰어난 성과를 이루며 살아갈 수 있습니다. 어느 정도까지는 말이죠. 그러나 그건 제가 말하는 진짜 성장이 아니에요. 이는 '사회적 성공'이라고 해야 정확한 표현일 거예요. 그것도 좋은 일이긴 해요. 축하받을 일인 것도 맞죠. 맹렬히 살았으니까 말이죠. 그러나 사회적 성공이 꼭 심리적 풍요로움과 인격을 가져다주는 것은 아니에요. 외적 성공, 사회적 성취를 이룬 사람 중에 자기 자리가 아닌 곳에서 상승 욕구의 노예로 산 사람들, 내면의 목소리보다는 타인의 인정과 갈채를 갈망하며 산 사람들이 꽤 많죠. 그들에게서 온전한 기쁨과 깊은 자부심은 찾아보기 어려워요.

그들이 성공과 성취의 정점에서 만나는 건 허무와 혼란이에요. 감사와 기쁨, 뿌듯함이 결여되어 있어요. 충만한 기쁨을 느끼지 못합니다. '나는 누구인가?', '여긴 어딘가?'라는 원초적인 의문에 시달리는 시점에 도착합니다. 그들은 상담 시 자신의 성공은 껍데기라고 냉소적으로 표현하곤 해요. 진정한 성장, 자기 자리에 뿌리내린 하강 성장이 아니기 때문이지요. 자기 자리에 뿌리내리지 못한 사람은 마치 회전초처럼 불어오는 바람에 이리저리 날리는 잡초의 신세와 같습니다. 외적 성공과 진정한 성장을 구별해야 합니다.

Y 하강 성장이라는 개념과 방향성을 인간관계에도 적용할 수 있나요? 우리 모두 관계 속에서 성장하는 존재라는 점에서 궁금해집니다.

김 하강 성장은 관계에도 그대로 적용되지요. 나이가 들수록 사회에서도, 가정에서도 하강 성장이 중요합니다. 소중한 관계를 돌보고 그 뿌리를 가꿔야 합니다. 단단히 연결된 관계, 뿌리 깊은 관계를 맺은 사람들만이 삶의 역경 앞에서 강인하게 협력할 수 있어요. 강인한 힘으로 두 손을 맞잡고 서로 의지하며 역경을 극복해 냅니다. 마음과 마음으로 체결된 심리적 연합군의 결속력은 그 자체로 우리에게 뜨거운 감동을 주지요. 고귀한 사랑입니다. 상대의 마음이라는 심리적 옥토에 뿌리내리지 못한 관계, 다시 말해 피상적인 관계는 그 숫자가 아무리 많아도 무용합니다. 넓은 인맥, 화려한 인맥, 시끌벅적한 모임과 같은 관계적 분주함에 취하지 않는 편이 바람직해요. 이런 관계는 화려함과 즐거움은 줄지언정 결국 바람따라 붕 뜬 채 이리저리 굴러다니는 회전초와 같아요.

저는 하강 성장이 인간의 고차원적 본능이자 우리가 추구해야 할 방향성이라고 생각해요. 한 사람의 마음에 뿌리내리는 것은 귀하고 가치 있는 일이죠. 그런 의미에서 장기적 관계, 튼튼한 애착 관계를 만들고 보살피는 것은 평생을 바쳐도 아깝지 않은 일이고, 그 자체가 하강 성장의 지표가 아닐까 생각합니다.

상승 곡선을 그리며 여러 사람 앞에서 빛나는 것도 나름대로 좋은 일이지만 그것만이 전부는 아니라는 것을 기억하길 바랍니다. 인간이 품위 있게 살아가며 성장하기 위해 바라봐야 할 방향, 사랑을 충만히 주고받으며 함께 성장하기 위해 추구해야 할 지향은 하강 성장이라는 것을 잊지 마세요. **뿌리내리길 바랍니다. 내 자리에, 내 사람에게 말이죠.**

내가 있잖아

남편과 대화가 많은 편이다. 수다와 일상적 대화를 넘어 각자의 스트레스와 고뇌도 대화를 통해 나누고 해소하는 시간이 많다. 남편에게 내 속이야기를 털어놓을 때 남편은 훌륭한 경청자다. 나는 이야기를 쏟아낸다. 온갖 감정도 쏟아져 나올 테다. 그 감정들은 타당성이 떨어지기도 할 것이며 지나칠 때도 있을 것이다. 하지만 남편은 판단하지 않고 끝까지 듣고 자신의 입장에서 이런저런 이야기를 들려주며 내 마음을 어루만져 준다. 그러고는 밝은 얼굴로 다정히 말한다.

"내가 있잖아."

"공감의 가치가 진리의 가치보다 더 높다." — 하인즈 코헛

공감을 체감하다

남편의 "내가 있잖아."라는 말은 언제 들어도 감동적이고 위로가 된다. 맞다. 내 곁에 그가 있다. **혼자가 아니라고 느끼게 해주는 것이다.** 이것이 공감의 핵심, 사랑의 핵심이다. 인간이 괴롭고 힘든 건 외부 환경과 좌절 상황 때문만은 아니다. 인간이 가장 힘겨울 때는 '나 혼자 남겨졌다'고 느껴질 때다. 모든 끈, 모든 관계, 모든 이어짐, 모든 관심이 끊어졌다 느껴질 때, 인간은 더 이상 삶을 영위할 이유를 찾을 수 없다. 주변에서 벌어지는 죽음 중에 고독사나 자살이 가장 뼈저리게 쓸쓸하고 아픈 이유도 이런 맥락이다. 내 아픔, 내 슬픔, 내 절망과 비참함, 내 애달픔과 억울함을 어루만지고 헤아려 주는 사람이 단 한 명이라도 있다고 **체감될** 때 인간은 어렵더라도 살아갈 수 있다.

사랑에 대한 믿음

사람들이 내게 등 돌리고 나를 비판하더라도 가정에서 소중한 애착 대상에게 공감과 위로를 받을 수 있다면 우리는 세상의 차가움과 험난함을 견뎌내고 굳건히 살아갈 수 있다. 내일을 맞이할 수 있다. 가까운 이와의 애착, 상대가 주는 다정하고 따뜻한 사랑은 결코 평범하거나 사소하지 않다. 슈퍼 파워다. 그 슈퍼 파워 안에서 우리는 진정한 휴식인 안식까지 경험하게 된다. 가정 내 애착 관계는 **안전 기지**secure base의 역할을 하기 때문이다.

"내가 있잖아."라는 말 안에는 '나는 시시비비 따지지 않고 온전하게 기꺼이 너를 받아들이고 품는다. 그리고 내가 너를 책임진다.'는 절대적 보호의 의미도 내포되어 있기에 더욱 감동적이다. '네 아픔과 고단함을 이해하고 그걸 덜어주고 싶다'는 헤아림이 내포되어 있기에 더욱 감사하다. 누군가 나를 사랑으로 책임져 준다는 것과 헤아려 준다는 걸 알게 될 때 인간은 역설적으로 독립성이 증가되고 궁극적으로 자립에 이른다. 스스로 건강한 결정과 올바른 선택을 하게 된다. 사랑에 대한 믿음이 있기 때문이다. 환경과 타인에 대한 신뢰가 있기 때문이다. "해보자.", "나아가 보자."는 탐험과 도전의 마음이 싹튼다. 넘어져도 돌아올 곳, 쉴 곳이 있기 때문이다. 독립의 발걸음은 그렇게 힘차다.

우리 모두는 생의 초기부터 죽을 때까지 **심리적 산소**psychological oxygen(하인즈 코헛Heinz Kohut)를 불어넣어 주는 상대를 필요로 한다. 아니, 공감하고 지지해 주는 타인 없이는 살아갈 수 없다. 공감반응이 없는 환경 속에서 제대로 살아갈 수 있는 사람은 결코 없다. 인간은 그런 존재다. 서로가 서로에게 공감하며 깊은 사랑을 주고받을 때 그 상호작용에 힘입어 우리는 살아내고 성장한다. 풍파를 이기고 강인하게 버텨낸다. 비로소 생명력 넘치는 삶이 가능한 것이다. 보람찬 삶이다.

그리하여 나도 소중한 사람들에게 다정히 말해본다.
"내가 있잖아."

분노를
다루는 힘

　가까운 사람들과 다정하게 지내기 위해 그 무엇보다 분노 다루는 법을 터득하는 게 중요하다. 필수적이다. 자녀가 성인이 되어 부모로부터 심리적으로 독립하기 전에 가정 안에서 연마되어야 하는 자질을 꼽으라면 나는 주저 없이 **분노 다루는 법**을 꼽는다. 그러기 위해선 나부터 **분노를 다루는 힘**이 있어야 할 것이다. 그래야 그 모습을 본 자녀가 모델링을 할 수 있을 테니 말이다. 우리가 아래 세대에게 물려줘야 하는 유산은 분노를 다루는 마음과 태도다. 분노를 다루는 힘을 갖추고 이를 숙달하면 갈등과 좌절 상황에서 **선하게 화내는 것**이 가능하다. 화를 참아야 할 경우도 있지만 선하게 화를 냄으로써 모두를 구하고 상황을 개선할 수 있는 경우도 많다는 걸 기억할 필요가 있다.

　선하게 화낸다는 건 어떤 것일까? **화는 내더라도 상대에게 상처**

를 주지 않는 그 선에서 멈추는 걸 의미한다. 화가 담긴 분풀이성 행동을 내지르지 말 것, 화를 하루 이상 품어 격노와 노여움으로 키우지 말 것을 포함한다.

나쁜 화, 좋은 화

분노와 화는 인간사에 필요한 정서다. 무엇인가 잘못 돌아가고 있다, 위험하다는 것을 알려주는 감정이고 내가 지켜내야 할 것(가치 있는 것, 선한 것)이 어떤 것인지 알려주는 정서다. 화는 신호이자 메시지다.

화가 억압된 사람, 화를 참기만 하는 사람, 화를 낼 줄 모르는 사람은 주도성과 생동감, 관계 속 성공과 성취를 느끼며 살아가는 게 불가능하다. 화를 통해 드러나야 하는 **알맹이**가 있는데 그것이 무시되고 방치되기 때문이다. 그 알맹이가 드러날 때 진정한 교류와 소통, 개선과 교정이 가능하다. 반대급부로, 화를 폭발시키는 습성을 지닌 사람은 이 사회 안에서 적응해 살아가기 어렵다. 분노 폭발은 타인을 심리적으로 해치는 행위다. 분노를 다루는 힘을 연마하고 선하게 화내는 법도 터득한다면 화를 삶의 에너지, 원동력, 활력으로 돌릴 수 있다.

분노를 다루는 법

• 화를 내기 전에 화가 났다는 것을 인식한다. 내면에 화가 올라오고 있다는 것을 느껴보자. 단 3초여도 좋다.

- 화와 나를 분리한다.
- 화를 내기보다는 화가 났다고 말한다. 화가 난 '상황'을 설명한다.
- 화가 났을 때는 속으로 '얼음'이라 외치고 가만히 있자. 분노 행동을 충동적으로 내지르지 말자. 분풀이하지 말자. 너무 화가 났을 때일수록 아무 행동도 하지 않는 것이 맞다.
- 화를 냄으로써 내 자존심이 지켜지는 것이라면 그 화는 건강한 화가 아니다. 소중한 관계와 타인, 사랑을 지키기 위해 화를 내는 것은 필요하다.
- 화를 내는 사안이 정말 가치 있는 사안인지 재빠르게 분별한다. 이 정도로 화낼 만큼 장기적으로 의미 있는 사안인가 판별한다.
- 중요한 것은 문제를 직시하고 그것을 해결하는 것이지 상대를 질타하고 공격하는 게 아니다. 화를 공격과 비난의 동력으로 사용하지 말자.
- 감정적으로 화를 냈다면 더 늦기 전에 상대에게 화를 쏟아낸 것에 대해 사과한다.
- 상대가 상처를 입는 것은 꼭 내 말의 내용 때문만이 아니라 내가 말하는 방식에 화가 여과 없이 묻어나 공격받았다고 느낄 때다. 즉, 내 말이 분노로 인해 고성으로 울려 퍼지기 때문이다. 상대가 내 말에 아프게 치인 것이다. 내 생각과 의견을 꼭 말하고 싶다면 화가 누그러진 후 전달하자.

선하게 화내는 법을 터득해야 하는 이유

갈등 상황에서 화와 분노를 가라앉히고 활용하는 법을 터득하고 연마하는 것은 인간다운 삶을 위한 필수 요소다. 그래야 오늘을 정리하고 내일을 맞이할 수 있다. 선하게 화내는 법을 터득하면 **마음의 눈을 맞추는 능력, 즉 정서**emotion가 풍부한 사람이 될 수 있다. 정서적 생동감이 흐른다. 정서에 생동감이 흘러 화창한 사람이 따뜻하고 좋은 관계를 맺을 수 있다. 감정의 노예가 되지 말자. 분노를 다루는 힘을 꾸준히 연마하자. 선하게 화내는 법을 배움으로써 정서적 안정에 다다르는 기쁨을 누리자.

충분히 슬퍼하고
떠나보낼 것

인간은 버려졌을 때 성장한다. 소중한 것을 잃어버렸을 때 성장한다. 버려지고 잃어버렸을 때 인간은 더 이상 그 이전으로 돌아갈 수 없다. 시간은 인간보다 먼저 있었고 위에 있었다. 참으로 다행스러운 것은 상실의 시기는 성장의 시기라는 삶의 역설, 그 진실이다.

슬픔과 성장

애도가 필요 없는 인생은 없다. 눈에 보이는 것이든 보이지 않는 것이든 우리는 늘 이별하며 살아간다. 사람과 이별하고 상황과 장소와도 이별한다. 가족, 친구, 학생 신분, 학교, 직장과 이별한다. 젊음과도 이별하고 꿈과도 이별한다. 마지막엔 땅의 시간과 이별한다. 이별은 헤어짐이기도 하고 없어짐이기도 하고 다시

261

는 볼 수 없음이기도 하고 벗어남이기도 한지라 그 여파는 각기 다르다. 하지만 공통적으로 그 경험들은 애도 과정이 필요하다. 즉, 충분히 슬퍼하는 것 말이다. 나를 떠나간, 내가 잃어버린, 나를 뒤로 남겨두고 자기의 길을 떠나가는 그 대상에의 복합 감정을 바라보고 담아낸다. 이별 경험의 의미를 되새기고 수용한다. 그래야 온전히 떠나보낼 수 있다.

이별 대상(상황)과 분리되는 과정 속에서 우리는 대상과의 추억, 사랑받은 기억, 사랑을 주었던 순간, 좋았던 감정, 상처, 분노, 실망, 후회, 그리움과 사무침, 모든 감정 기억을 만난다. 이모두가 이별 대상과의 각별했던 관계, 그 애증의 현존을 확인하는 과정이다. 이 확인을 통해 그 대상은 내 마음속의 영원한 **내적 대상**internal object이 된다.

가까운 이의 죽음, 어른으로 성장해 독립하는 자녀, 이혼, 퇴직 등 수많은 형태의 이별과 상실 앞에서 우리 모두는 **애도하는 인간**이다. 복합 감정을 소화하며 애도 과정을 온전히 거쳤을 때 인간은 비로소 성장한다. 마음의 키가 한 뼘 자란다. 애도 속 슬픔의 현존을 소화할 때 슬픔 속 그 알맹이는 **더 깊이 사랑할 수 있는 능력**으로 승화된다. 슬픔과 비탄을 성숙하게 통과했기에 그 관계는 하나의 **의미**로 상징화되어 내면에 영원히 자리 잡는다. 애도를 마무리한 내면은 광활한 옥토가 된다. 그 옥토는 어느새 숲이 될 것이다. 내 서사가 아로새겨진 울창하고 풍요로운 숲, 아름다운 숲이 될 것이다.

충분한 애도는 일상을 돌려준다

조니 클루니 주연의 영화 〈디센던트The Descendants〉는 애도를 주제로 한 영화다. 애도에 관한 영화 중 손에 꼽히는 수작이다. 충격적이지만 받아들인다. 슬프지만 견뎌낸다. 원망스럽지만 집착하지 않는다. 떠났지만 잊지 않는다. 보내지만 간직한다. 많은 것이 그대로지만 많은 것이 새롭다. 주인공 맷이 이 역설을 아름답게 보여준다. 영화에서 맷에게 두 축의 애도 과정이 도래한다. 배우자와 땅. 내 생각과 너무나 달랐던 아내, 유산으로 받은 땅을 처리하는 과정을 통해 맷은 비로소 '대상이 진정으로 내 것이 되어가는 과정'을 보여준다. 사람과 사람이 진정으로 연결되는 과정, 나를 뒤로하고 떠난 사람이 영원한 대상으로 남는 과정 말이다. 내게 그다지 의미 없었던 그 의미가 새로운 의미이자 소중한 의미가 되어가는 과정을 감동적으로 보여준다. 이것을 가능하게 한 것은 바로 애도와 깊은 역사 속 서사, 소중한 관계의 기억이라는 것을 절제 속에서 그려낸 영화다.

"Goodbye Elizabeth…

Goodbye my love, my friend, my pain, my joy…

goodbye… goodbye… goodbye…"

잘 가, 엘리자베스…

안녕 내 사랑, 내 친구, 나의 고통, 나의 기쁨… 잘 가…

안녕… 안녕…

떠난 사람 그리고 남겨진 사람. 아내를 향한 주인공 맷의 대사다. 작별을 고한다. 조지 클루니의 빛나는 호연이 정점을 찍는 장면이다. 맷의 눈에서 흐르는 한 줄기 눈물, 떨리는 목소리…. 나는 이 장면을 이 영화의 백미라고 말하고 싶다. 저 순간 맷의 고요한 속삭임만큼 **애도**를 온전히 표현해 낸 문장이 있을까?

그리고 마지막 장면. 응접실의 푹신한 소파. 맷과 딸들이 평온한 얼굴로 노란 이불 한 개를 함께 나눠 덮고 텔레비전을 보면서 아이스크림을 먹는다. 매년 비슷한 때에 바다의 집을 떠나 먼 길을 나서는 황제펭귄에 대한 다큐멘터리를 같이 시청한다. 일상을 누린다. 애도는 일상을 돌려준다. 배가된 사랑의 능력과 함께 말이다. 소중함을 더 잘 변별하게 된 마음은 덤이다.

일생의 사랑을
위해

"배우자에게 사랑받지 못하고 있어요."라고 말하는 내담자 K
씨의 얼굴에는 검은 구름이 내려앉아 있다.

늦가을이어서일까. 스산한 고요함이 맴도는 상담실. 남편 E씨
옆에 앉아 "우리는 서로 사랑하지 않는 거 같습니다."라고 읊조
리는 아내 S씨의 눈가는 낙엽처럼 메말라 있었다.

팔짱 낀 채 넋이 나간 얼굴로 "아내에게 정이 뚝 떨어졌어요."
라고 말하는 남편 J씨의 늘어진 자세는 금방이라도 의자 옆으로
쏟아져 내릴 것 같았다.

나를 찾아와 사랑을 말하는 부부들. 그들에게 사랑은 뭘까? 연

애 때의 사랑 그리고 결혼 후의 사랑은 같은 걸까? 결혼 3년 차 부부의 사랑과 20년 차 부부의 사랑, 30년 차 부부의 사랑은 다른 걸까? 배우자와의 사랑은 식었다며 새로운 사람과 사랑에 빠졌다는 기혼자의 사랑은 어떻게 해석해야 할까?

우리는 '사랑이 식었다'는 표현을 쓴다. 식는 사랑이 있다. 바로 뜨거운 사랑, 즉 열정적 사랑이 그것이다. 사랑 속 열정의 요소는 남남인 너와 나를 불붙여 관계의 시작을 가능케 한다. 역할과 필요성이 있다. 하지만 일정 기간의 시간이 지난 후 식어버리는 숙명도 갖고 있다. 나는 지금 뜨거운 사랑이 숙명적으로 식는 시점 **그 이후의 사랑**을 말하려 한다. 뜨거운 사랑만으로는 살 수 없는 인간에게 진정 필요한 사랑은 어떤 걸까? 사랑은 변하는 것일까? 사랑도 늙어가는 걸까?

애착, 그 강인함

식는 사랑도 한때 사랑이었다. 하지만 그것은 강인한 사랑은 아니었다. 나는 외풍을 견디는, 아니 **외풍을 머금은 강인한 사랑**을 사랑한다. 기투企投된 존재로서 인간, 불안하고 무력하고 연약한 인간인 너와 내가 애착 관계로 묶여 세월 속 풍파를 견뎌낸다. 두 사람을 치고 들어오는 역경 앞에서 서로를 버리지 않고 꼭 붙잡은 경험, 그 역사가 곧 강인한 사랑이다. 모두에게 저절로 주어지는 사랑은 아니다. 우아하고 품위 있는 그 사랑을 나는 **깊은 애착**이라고 말하겠다. 깊지만 느슨하기도 하기에 서로 자유롭다.

뜨거운 사랑은 무미건조한 삶에 활력과 영감을 부여한다. 아름답게 빛난다. 동서고금을 막론하고 수많은 예술 작품이 이 열정의 단계에서 뿜어져 나온다. 인간사에 충분한 가치가 있다. 하지만 뜨거운 사랑은 숙명적으로 식는 사랑이다. 식는 게 이치이자 섭리다. 평생 뜨겁게 에로스를 날것으로 불태우며 바로바로 행동으로 옮긴다면 인류는 멸망할 것이다. 뜨거운 사랑은 내 쾌락이 충족되고 긴장이 해소되는 걸 우선으로 추구한다. 그게 목표다. 서로 열정적으로 몰입되어 있는 거기에 공동체적 이타성(가장 높은 수준의 사랑)은 빠져 있다. 이타성이 끼어들 틈이 없다. 사랑이 아니라는 게 아니라, 한계가 있는 사랑인 것이다.

우리네 삶은 뜨거운 찰나 그 이상의 의미가 담겨 있다. 뜨거운 사랑만을 신봉하는 사랑 지상주의자는 뜨거운 사랑이 식은 다음 길을 잃는다. 다음 단계로 넘어가지 못한다. "식었으니 떠난다."라고 말한다. 그들의 논리는 언제나 분명하다. 새로운 사랑 그리고 뜨거운 사랑이 목표다.

풍파를 견딘 일생의 사랑

부부는 애착 관계다. 정서적 유대 관계다. 부부 관계를 풍성하게 만드는 건 삶의 풍파를 견딘 두 사람의 탄탄한 정서적 연결과 안정감 그리고 따뜻한 돌봄의 역사다. 불화로 고통받는 부부가 상담 과정 중에 배우는 건 뜨거운 사랑이 아니라, 상한 관계를 애통해하며 슬픔을 끌어안는 방법, 깨어진 관계를 기꺼이 돌보는 치유의 자세, 관계를 성숙하게 양육하는 어른의 사랑법이다. 갈등 속 두려움, 절망, 실망을 다뤄 나가며 의젓하게 견디는 내적 작업의 시간, 심리치료의 시간이 차곡차곡 쌓인다. 함께하는 그 시간 속에서 배우자의 인내, 진면목을 목격하기에 새로운 신뢰가 뿌리내린다. 강인한 사랑이 탄생한다. 두 사람이 '그럼에도 불구하고' 새로이 사랑하기 시작한다. 이 사랑은 식는 사랑이 아니다. **일생의 사랑**으로 견고해진다.

"낱말 하나가 삶의 모든 무게와 고통에서 우리를 해방시킨다. 그 말은 사랑이다."

고대 그리스의 작가이자 정치가였던 소포클레스의 문장이다. 그가 말한 사랑은 분명 크고 작은 풍파를 견뎌낸 애착 관계 속 강인한 사랑, 일생의 사랑이라 나는 믿어 의심치 않는다.

풍파 속에서 씨름하고 있는 이들이여, 용기를 잃지 말길 바란다. 강인한 사랑을 위해, 일생의 사랑을 위해.

상대를 편안하게
해주는 사람

제자 Y와 함께 마시는 레몬진저 티가 향기롭다. 차 한 모금에 하루의 고단함이 물러간다.

Y 선생님, 상대를 편안하게 해주는 사람의 특징이 있나요? 유달리 편안함을 주는 사람들이 있어요. 억지스러움 없이 저를 무장해제시키는 사람들이요. 제 친구 중에도 있어요. 저에게 안정감을 주는 친구죠. 그런 사람은 어떤 면을 가지고 있어서 타인을 편안하게 대하고 좋은 관계를 만들어 나갈까요?

김 좋은 친구를 두셨네요. 축하드려요! 참 좋은 일입니다. Y의 그 친구처럼 그런 사람들이 있죠. 그들은 온화하고 다정합니다. 합리적이고 분별력도 있어요. 여유도 있고요. 말과 행동, 겉

269

과 속이 일치해요.

Y 맞아요! 저를 편안하게 해주는 그 친구도 그런 면이 있는 것 같아요. 어떻게 그럴 수 있을까요?

김 하하. 그러게 말입니다. 그들을 한마디로 정의한다면 **골고루 잘 발달한 사람들**이에요. 인간은 **전인적 존재**입니다. 한 존재 안에 서로 맞닿아 있는 여러 영역이 있는데, 이 영역들이 조화롭게 상호작용하여 발달을 이뤄나갈 때 통합된 존재, 온전한 주체로서 진정한 인간 발달이라는 염원이 성취되지요. 그런 의미에서 그들은 여러 영역이 균형 있게 발달해 원만한 인성을 이룬 사람들이라 할 수 있어요. 이들 중에 인격을 갖춘 사람들이 있지요.

Y 아! 골고루 잘 발달한 사람이라고 보면 되는군요! 진정한 인간 발달의 토대를 이루는 영역에는 어떤 것들이 포함되나요?

김 신체적 영역, 심리적 영역(인지적 영역, 감정적·정서적 영역, 행동 영역), 사회적 영역, 도덕적 영역 그리고 영적인 영역입니다. 인성이 원만하다는 것은 이 영역들 중 현격하게 미발달된 부분이 없다는 의미죠. 각 영역이 치우침 없이 골고루 발달한다는 게 쉬운 일은 아닙니다. 타고난 기질도 중요하고 좋은 양육도 받아야 하고 환경도 중요해요. 혼자 할 수 있는 일이 아니죠.

치열하고 맹렬한 경쟁 사회 속에서 살다 보니 많은 이들이 콕 찍어 지적 발달(지능의 발달)에만 집착하는 편파성을 보인 지 오래입니다. 지적 발달을 학업 성취도와 등가로 놓고 가열히 추구하는 병폐 속에 살고 있는 것이죠. 학업 성취와 관련해 보기 좋은 타이틀을 거머쥔 사람을 과대평가하고 거기에 과하게 가치를 부여합니다. 그것이 의미가 없다는 게 아니에요. 집착하고 과하게 추켜세우는 게 문제입니다. 내게 알맞은 학력이 아닌 학벌을 따지며 줄 세우는 비틀린 엘리트주의가 팽배해요. 그러면서 다른 영역의 발달에는 무관심합니다. 어느 쪽이든 한쪽만 발달한 사람은 괴물이 되죠.

지적 영역의 발달을 스펙으로 치환해 추구하고, 또 그것을 연봉이나 돈으로 치환해 찬양합니다. 한 인간을 볼 때 전인적으로 보지 못하고 오직 상대의 겉모습, 눈에 보이는 타이틀에 많은 것을 걸고 그 관계에 뛰어들곤 해요. 그 사람의 스펙과 조건으로 많은 것이 보장될 거라 예단하고 결혼한 후에 어떻게 되나요? 상대의 정서적 미숙함, 충동 조절의 어려움, 도덕적 해이함, 사회적 부적응성, 중독과 같은 영적 질병의 상태를 마주하곤 절망합니다. 상대가 마치 그런 것을 감추고 결혼했다고 주장하기도 해요. 속였다며 말이죠. 의도적으로 속이는 사람도 물론 있겠지만, 내 안목이 문제일 경우도 많아요. 전인적 발달의 관점을 놓치는 건 늘 위험합니다.

Y   전인적 발달… 저 자신은 전인적 관점에서 어떤지 점검해야겠습니다. 저 자신을 그런 시선으로 바라본 적은 없거든요.

김   점검하는 자세, 나쁘지 않습니다. 하하. 전인적으로 골고루 발달한 사람은 심리가 원만하며 정서도 풍부하고 개방적이지요. 마음이 넓고 깊어요. 주변 환경을 폭넓게 누리고 즐기죠. 의미를 깨달을 줄도 압니다. 아이처럼 **신기해하는 눈**이 있어요. 그 긍정성의 결과, 그들은 외부 세계와 타인에 대한 감사함에 다다릅니다. 그들에겐 감사함이 있어요. 감사함이야말로 인간 정서 중 최고 난이도를 가지는 고급스러운 상태라고 저는 생각해요. 가장 커다란 품위라고 생각합니다. **전인성을 갖춘다는 것은 궁극에 감사함의 상태에 도달한다는 것이죠.** 이런 맥락에서 골고루 발달하지 못한 사람에게는 감사함의 마음이 없어요. 많은 걸 당연시할 뿐입니다.

Y   당연시한다는 게 어떤 의미일까요?

김   감사함의 반대 상태라고 할 수 있어요. 전인적 관점에서 골고루 발달하지 못한 사람은 세상을 바라보는 시선이 편파적이고 단편적이지요. 얕을 수밖에 없어요. 관계를 맺을 때 자신의 기분이 좋은 것과 자기가 만족스러운 것이 제일 중요하기에 상대가 나에게 '무엇을 주는지'에만 관심이 쏠려 있어요. 자기중심성, 더 나아가 자기애가 튀어나오는 것이죠. 모든 것이 자기중심일 뿐 타인의 인내와 배려, 수고와 노고, 사랑에 무신경해요. 그들은 다양한 인간 군상을 용납하지 못하기에 자신이 봤을 때 이상하다 싶으면 바로 미움과 비판의 마음을 만들어냅니다. 비교하고 무시해요. 우월한 사람과 열등한 사람이 각기 따로 있다고 판단하지요. 인간관계 속 눈 맞춤, 사랑과 배려의 주고받음, 그 의미와 가치를 모릅니다. 모든 게 그저 당연할 뿐이에요.

배우자의 헌신을 당연하게 여기는 사람, 배우자의 월급을 당연시하다 못해 경시하는 사람, 부모의 희생을 당연하게 여기는 자녀, 타인의 노고를 당연시하는 사람, 가까운 관계, 소중한 관계에서 이런 식으로 상대를 불쾌하고 아프게 하는 사람들이 우리 주변에 드물지 않아요.

당연시하는 것이 위험한 이유는 당연시하는 그 순간, 관계가 **단절**되기 때문이에요. 관계의 생명력인 따뜻함, 다정함, 소중함 그리고 감사함이 모두 소멸되기 때문입니다. 한 인간을 전인적인 존재, 인간성을 가진 개별적 인격체가 아닌, 나를 위해 어떤 기능을 소유하고 있는 기능체로 보는 것이죠. **이 세상에 당연한 것은 없어요.** 당연하지 않은 것을 당연시할 때 사람은 가혹해지고 잔인해집니다.

함께 기뻐하는
사람들

    많은 내담자들과 심리치료 작업을 하며 나는 인간이 인간에게 건네는 최고의 칭찬이 무엇인지 깨달았다. 내담자들은 내게 자신의 아동기, 청소년기, 성장기, 학창 시절을 말한다. 거기엔 그들에게 사랑을 줄 책임이 있는 양육자, 즉 부모가 등장한다. 적지 않은 수의 내담자들이 성장기 동안 칭찬을 들은 적이 없다고 말한다. 자신의 기쁨과 뿌듯함을 충분히 반영해 주고 확인시켜 준 타인, 즉 거울 역할과도 같은 부모가 자신을 칭찬해 준 충만함의 기억이 없다고 말한다. 그들은 그렇게 결핍과 상실 위에 놓여 있는 과거의 자신을 만나며 슬퍼한다. 물론 칭찬을 넘치게 들은 이도 있었다. 하지만 아낌없는 칭찬, 기쁨과 사랑이 넘치는 칭찬은 아니었다 말한다. 이들을 통해 나는 중요한 사실 하나를 깨달았다. **최고의 칭찬은 '말'이 아니라 '감탄'이었다는 것을.**

감탄이 최고의 칭찬인 이유는 마음속 깊은 곳에서 솟아오르는 기쁨과 탄복을 **온몸으로** 그대로 드러내는 것이기 때문이다. 기쁨과 탄복은 감출 수 없다. 감탄으로 터져 나오게 되어 있다. 특히 사랑하는 관계에서는 더더욱 감출 수 없다. 거기에는 일말의 평가도 들어가 있지 않다. 감탄은 '너로 인해 내가 기쁨과 환희, 즐거움과 뿌듯함을 느껴.'라고 온몸으로 전하는 것이다. '네가 참 자랑스럽다.'라는 메시지를 심신이 혼연일체가 되어 아낌없이 표현하는 것이다. 서로가 소중한 관계이기에 한 사람으로 인해 기쁜 일이 벌어졌을 때 상대방에게서 저절로 감탄이 나온다. 감탄으로 더욱 하나가 된다. 함께 순간을 즐긴다. 인생을 누린다. 내가 무언가 했는데 그게 타인에게 기쁨과 즐거움이 된다면 그 인생이야말로 보람찬 인생이다. 우리 모두는 누군가에게 기쁨이 되고 싶다. 꽃이 되고 싶다.

잘하면 좋고 아니어도 그만

우리가 제일 많이 사용하는 칭찬은 "잘했어!"다. 들었을 때 기분이 좋고 안심이 되기도 한다. 인간은 잘하고 싶은 생명체니까. 나도 뭐든 참 잘하고 싶던 시절이 있었다. 많은 이에게 잘했다는 말을 듣고 싶었다. 잘했다는 칭찬은 우리에게 인정이자 찬사이기 때문이다. 과거에 나 또한 잘했다는 말에 목말랐던 시절이 있었기에 잘했다는 칭찬이 귀함을 알고 있다.

하지만 이제는 '잘했다'라는 칭찬을 갈망하지 않는다. 얼추 졸업한 거 같다. 참 오래 걸렸다. 그런 지금, 자유롭고 편안하다. 설령 잘하지 못해도 나는 할 것이고 그렇게 그냥 해낼 것이다. 그렇게 살아가다가 잘했다는 말을 들으면 들은 대로 좋고 감사하며, 아니어도 그만이다.

감탄하며 얼싸안다

잘했다는 말은 결국 머리에서 나오는 칭찬이다. 잘했다는 말에는 '평가의 개념'이 들어가 있다는 게 맹점이다. '어떤 기준을 충족시켰다'는 의미이기도 하다. 칭찬을 들은 사람이 기쁨과 뿌듯함보다는 다행감을 느끼게끔 한다. 즉, 많은 경우 잘했다는 말은 순수한 칭찬보다는 인증과 허락, 통과의 의미로 쓰인다. 칭찬하는 사람과 칭찬받는 사람의 상하관계가 존재한다.

평가 상황이 아니라면 '잘했다'는 칭찬을 지양하는 것도 나쁘지 않다. 특히 소중한 이와의 관계에서는 잘했다는 말로 칭찬을 끝내는 것보다는 '함께 얼싸안고 기뻐하는 그 공기'가 훨씬 더 값지다. 사랑하는 사람일수록, 깊이 아끼는 사람일수록 칭찬은 감탄과 얼싸안음으로, 힘찬 박수와 함박웃음으로 전해주는 게 좋다.

충분히 좋은 칭찬

- 칭찬받을 주인공이 누구인지 잊지 않는다. 주인공은 '상대방'이다. 당신이 아니다.
- 칭찬받는 사람이 뿌듯해하고 기뻐할 여지를 충분히 준다.

276

- 긴말은 필요 없다. 중요한 것은 절로 흘러나오는 감탄사와 기뻐하는 눈빛과 표정, 박수 같은 비언어적인 부분이다.
- 평가가 되지 않도록 조심한다.

  우리는 내 기쁨의 순간에 가까운 사람, 소중한 사람과 가슴 저 깊은 곳에서 쏟아져 나오는 '기쁨과 환희의 몸짓'을 원하는 생명체다. **기쁨을 나누는 순간**이 너무나 소중하다. 보람차다. 우리는 함께 기뻐하는 사람들이다.

  "축하해!"
  "네가 자랑스러워."
  "너로 인해 정말 기쁘구나!"
  "수고 많았어!"

  사랑하는 사람끼리라면 마음속 깊은 곳에서 솟아오르는 기쁨과 탄복을 주고받자. 주체할 수 없이 쏟아져 나오는 '그것'을 나누자. 기뻐하자. 감탄하자. 얼싸안자.

  칭찬을 '받는 것'보다 기쁨을 '나누는 것'이 행복이다.

시시비비 대신
역지사지

불화로 내담하는 많은 부부가 들려주는 크고 작은 일 모두를 관통하는 줄기는 '너는 틀리고 내가 맞다'는 것이다. 갈등, 좌절, 고통을 느낄 때 두 사람은 각자 이 생각에 빠져 긴 싸움을 이어간다. 상대를 설득하려 한다. 내가 맞으니까. 배우자가 틀렸으니까. 남편도 "너는 틀리고 내가 맞다."라 하고 아내도 "너는 틀리고 내가 맞다."라 외친다. 그러다 똑같이 말한다.

"네가 바뀌어야 해."

한 치의 물러남도 없이 실랑이가 팽팽하게 지속된다. 시시비비를 따지는 골짜기에 빠져든 두 사람이 의도적으로 신경전을 벌이는 게 아니다. 무의식적으로, 나도 모르는 사이에 깊은 골짜기에 빠져버린 것이다. 늦일지도 모른다.

내가 먼저 밧줄을 내려놓자

공동체 구성원들이 공존하기 위해 중요한 것은 '다름을 비난하지 않기', '다름을 견디기', '다름을 인정하기' 그리고 '다름을 수용하기'다. 이견 앞에서 '너는 틀리고 내가 맞다'라는 흑백논리를 내세우지 않는 것이 중요하다. 너와 나의 다름, 이견, 옳고 그름에 초점 맞춰 논쟁하고 분노하고 비난하며 서로의 사이를 점점 더 벌려 나가는 **양극화 현상**은 불화를 가일층 불붙인다. 내가 맞기에 상대를 질타한다. 상대를 꺾고 싶다. 다름을 조율하는 절차를 알지 못한다. 고집스럽게 우기며 파괴적으로 상호작용한다.

시시비비의 밧줄이 매번 팽팽하다면 내가 먼저 밧줄을 내려놓는 방법만이 유일한 해법이다. 그리고 내 자리로 돌아가 내 마음속부터 들여다보자. 내 안에 팽팽한 반목을 부채질하는 **오래된 고집**이 똬리를 틀고 있는 건 아닐까? 오랜 기간 품고 살아온 응어리, 맺힘이 있는 건 아닐까? 욕구불만, 좌절, 억울함을 포함하는 오래된 응어리는 마음의 눈을 어둡게 한다. 객관성과 합리성을 저하시키고 타인에 대한 몰이해를 증폭시킨다. 과잉 반응만 양산한다. '지금 여기에서의 나'가 아닌 응어리와 맺힘에 구속된 '과거의 나'가 고집스럽게 밧줄을 붙잡아 당기고 있는 건 아닐까?

격심한 맞섬, 그 이면

많은 부부가 무의식적으로 시시비비의 골짜기에 빠진다. 대부분 이 단계를 거친다. 내 고집을 내세우며 상대를 어떻게든 바꾸려 한다. 보통의 건강한 부부는 시시비비를 따지며 맞서는 이 단계를 적당히 겪은 후 졸업한다. 서로를 있는 그대로 인정하고 상대에 대한 새로운 지식도 습득한다. 파트너의 이미지가 새로이, 더 풍부하게 그려진다. 한 걸음 발전된 애착이 발생한다. 유대감이 깊어진다. 그러나 반목하는 이 단계를 졸업하지 못하고 여기에 고착되어 세월을 보내는 부부도 있다.

우리는 아동기를 거친다. 부모와의 관계에서 채워지지 못한 애정 욕구와 결핍, 좌절, 실망과 환멸, 버려짐의 기억과 관련된 나만의 틀, 즉 마음, 성격, 방어기제를 지니게 된다. 아동기에 나의 정서 패턴이 어느 정도 공고히 만들어진다. **밑그림**이 그려지는 것이다. 이 패턴(시스템)이 성인이 되어 결혼 후 배우자와의 애착 관계에 무의식적으로 투영되어 나타난다. 유사한 자극, 비슷한 경험, 위험의 징조 앞에서 민감하게 버튼이 눌린다. 과잉 반응이 나오고 고집을 부리게 된다.

부부 관계는 제2의 애착 관계이기에 과거의 애착 경험 속 감정 기억이 치고 올라와 현재에 준거로 작용한다. 과거의 아픔과 좌절, 결핍을 반복하고 싶지 않다는 **보상 심리**가 무의식 안에서 나를 잡아끈다. 지금이라도 **교정**하고 싶은 것이다. 과거의 아픔과 욕구불만이 깊을수록 이를 현재 배우자와의 관계에서라도 해결하고 대리 충족하려는 무의식적 갈망은 강렬하다. 부지불식간에 안간힘을 쓴다. 부부 관계는 전쟁터가 되어버린다.

줄다리기하듯 팽팽히 반목하는 정도가 격심하다면, 이는 내 요인, 즉 내 아동기와 성장기의 어떤 경험과 연결 고리가 있는 건 아닌지 숙고함이 유익하다. 어두운 터널에 한 줄기 빛을 비추자. 과거의 상처, 채워지지 않은 애정 욕구, 결핍, 애착 트라우마가 배우자와의 관계에서 봇물 터지듯 올라오고 있는 건 아닐까? 상호 관련성을 돌아볼 수 있다면 이 지점에 치유와 쇄신의 가능성이 깃든다. 과거와 현재가 분리되기 시작한다. 이게 내면의 힘이다. 내면의 힘이 없으면 갈등의 순간에 배우자를 탓하고 공격하며 끝내버리는 유아성이 극대화될 뿐이다. 사랑의 능력을 키울수 없고 애착 관계를 만들어가는 길도 멀어져만 간다.

상대방의 입장에 서는 능력

상대방의 입장에 서보려 애쓰는 것이 사랑이다. **역지사지가 사랑이다.** 갈등의 순간 자동반사적으로 시시비비를 따지며 옳고 그름을 겨루려는 충동을 과감히 삭제하자. 정신 차리고 그 중력을 이겨내자. 이질감의 산등성이를 넘어 어른스럽게 상대의 입장에 서보자. 사랑을 실천하자.

결혼 생활은 이기기 위한 승부처가 아니다. 배우자도 나처럼 '최적의 나', '최상의 자아'가 되기 위해 고군분투하는 가녀린 인간이다. 기쁜 삶을 갈망하는 목마른 인간일 뿐이다. 그런 너와 내가 역지사지할 때 갈등은 사라지고 애정이 깊어진다. 어찌 보면 역지사지를 해내는 노력으로 심리적 보람을 얻는 것은 상대보다

나 자신일지 모른다. 역지사지를 발휘하고 실천함으로써 사랑의 능력이 배가된 사람은 바로 나니까 말이다.

가정은 안전 기지다. 내가 출발하는 곳이자 돌아올 곳이다. 최후의 보루다. 이곳에 흐르는 마지막 에너지는 **사랑**이다. 너와 나, 시시비비 아닌 역지사지에 힘쓰자. 노력해 보자. 헌신과 결속이 다져질 것이다. 이질감과 갈등이 끼어들 틈이 없다.

조심스런
사랑

사랑한다는 것은 상대를 아끼는 것이다. 인간은 상대를 바라보며 아끼는 동안 나의 주장과 마음이 사라지는 경험을 하게 된다. 나의 온 마음과 정신이 상대에게 고스란히 향하기 때문이다. 그래서 상대를 진정으로 아끼는 사람은 **생색을 내지 않는다.** 자신의 공로를 말로 드러내거나 하소연하지 않고 보상을 바라지도 않는다. 상대가 알아주길 바라지 않는다. 상대가 귀하고 소중할 뿐이다. 상대를 아낄 뿐이다. 조심스런 사랑이다.

보상을 바란 사랑

자녀와의 갈등 상황에서 참지 못하고 "내가 너를 어떻게 키웠는데! 네가 내게 감히 이럴 수가 있어?"라고 서슴없이 말하는 부모들이 있다. 생색내고 넋두리를 늘어놓는 순간 그간의 사랑에

283

찬물이 끼얹어진다. 생색을 듣는 자녀의 마음 안에서 '툭' 소리가 나며 애착과 교감의 끈이 끊어진다. 자녀의 무의식에 충격적 의문이 들어찬다. 부모가 나에게 대가를 원했나? 내가 부모의 불행을 대리 보상해 주길 원했나? 내 존재가 부모의 포장지였나? 난 껍데기인가? 무의식에 커다란 소용돌이가 일어난다. 자녀의 독자적 존재 가치가 사라지는 순간이다. 자녀는 충격받은 나머지 이런 무의식의 흐름을 잘 인지하지 못할 수도 있다. 분명 사랑도 받았고 감사하기 때문이다. 부모의 불행은 자녀에게 깊은 슬픔을 안겨준다.

이런 부모의 모습은 상대를 아끼는 것이라 보기 어렵다. 성숙한 사랑이라 보기 힘들다. 사랑한다고 다 같은 사랑이 아니다. 상대에게 한없이 사랑을 퍼준다 착각하며 자기도취에 빠진 것은 아닐까? 자녀를 통해 나의 열등감과 보상 심리를 충족해 온 것은 아닐까? 자녀에게 몰입함으로써 내 불행을 감춰온 것은 아닐까? 생색냄으로써 자녀를 끊임없이 통제하려는 건 아닐까?

인간은 완벽할 수 없다. 사랑하는 상대에게 무언가 바라는 마음이 생겨날 수 있다. 답례, 호응 없이 세상을 견뎌내는 건 생각보다 어렵다. 인간인지라 상대에게 나의 노고를 알아 달라 생색내고 싶어질 수 있다. 그렇다고 이 지점에서 '생색의 배'에 넙죽 올라타선 안 된다. 생색의 배에 올라타 노를 젓는 순간 그 관계는 어그러지고 단절된다. 정신 차려야 한다. **내 공로에 취하지 말자.** 생색의 중력에 굴복하지 말 일이다. 상대가 내가 원하는 '그 방식'으로 내 사랑에 보답하지 않는다 하더라도 어쩔 수 없다. 너는 너고 나는 나다.

대인 관계에서 무엇인가 너무 기울었다거나 나만 퍼준다 여겨 진다면 상대에게 생색내며 보답을 호소할 게 아니라 내가 그 자 리를 털고 일어나 떠나버려야 한다. 역설적으로 이런 결단을 통 해 건강한 관계가 정립된다. 정리되어야 할 관계라면 정리 수순 에 들어가는 게 맞다.

상대의 자유를 사랑하라

상대를 아끼는 진정한 사랑의 모양새를 갖추려면 상대와 **느슨 하게 결합한 상태**loose integration에서 친밀감을 교류하는 것이 맞 다. 상대에게 무언가를 너무 퍼주고 답례를 기다리기보다는 상대 의 경계를 감지하고 침입하지 않는 것이 현명하다. 무해함을 추 구하며 상대를 놔주자. 상대의 뒷모습에 축복을 빌어주자. 그러 다 상대가 당신을 부르면 웃으며 돌아보자. 환대하자. 이게 상대 를 아끼는 사랑의 참모습이다.

진정한 사랑이란 **상대의 자유를 사랑하는 것**이다. 상대를 자유 롭게 해주는 것이다. 상대의 선택을 존중하는 것이다. 타인은 나 와 다른 선택을 하는 존재라는 것을 받아들이고 그걸 지켜보며 응원하고 축복하자. 나도, 상대도 각자의 길이 있을 뿐이다. 사랑 하는 이에게 생색내지 말자. 그저 상대의 자유를 사랑하자.

홀로 있을 수 있는
능력

삶의 목표가 '나의 즐거움'인 사람들이 있다. 그들에겐 자신의 즐거운 상태가 제일 중요하다. 즐거움을 느끼는 상태가 되기 위해 그 어떤 손실과 희생도 마다하지 않는다. 웃고 배부르고 신나고 짜릿하면 그만이다. 이들은 쾌락 중독인 동시에 혼자 있을 수 없는 사람들이다. 홀로 있을 수 있는 능력이 발달하지 못한 사람들이다. 이 능력은 정서적 성숙의 중요 지표로, 영국의 정신분석학자 도널드 위니콧Donald Winnicott이 설파한 개념이다.

정서적 성숙과 인간적 발달, 건강한 어른의 삶을 위해, 삶의 고난과 역경을 감당하고 소화하기 위해 홀로 있을 수 있는 능력은 그 무엇보다 중요하다. 인간의 역량이 강화되고 성숙의 토대가 만들어지는 것은 홀로 있는 시간을 통해서다. 내면의 누적된 스트레스와 갈등, 나약함, 부족함, 증오심, 실수, 불찰, 고단함, 질투, 열등감 등은 홀로 고독 속에 있을 때 비로소 수면 위로 올라온다. 올라올 때 씻어낼 수 있다. 건강한 고독이 주는 혜택이다.

그런데 문제는 홀로 있을 수 있는 능력이 저절로 갖춰지는 게 아니라는 것이다. 홀로 있을 수 있는 능력은 왜 사람마다 차이가 나고 성취되기 어려울까?

경험에서 얻어지는 능력

홀로 있을 수 있는 능력은 성장기 동안 키워지는 것으로, 기질적으로 타고나는 부분도 있지만 누가 뭐라 해도 부모와의 애착 관계 속에서 만들어진다. 부모와의 관계에서 '충분히 좋은good enough' 양육을 받지 못했을 경우 이 능력이 적절히 조성되기 어려울 수밖에 없다. 애정 결핍, 박탈로 인한 뿌리 깊은 외로움은 자기self 감각이 조성되는 데 위해를 가한다. 불안과 과잉 의존성, 온갖 외부 기준이 내 마음에 분별없이 들어차 타인에게 매달리고 집착하도록 부채질한다. **타인 없이는 견디지 못하는 상태**가 된다. 마음이 만들어지는 데에는 타고난 기질만큼 심리적 환경과 경험도 중요하다. 특히 관계 경험이 중요하다.

다행스럽게도 우리에게는 두 번째 기회가 있다. 배우자와의 결혼 생활이라는 제2의 애착 관계를 통해 이 능력이 보완될 수 있다. 배우자와의 애착 관계가 수년에 걸쳐 일관되게, 안정적으로 유지되면 그 결과 심리적 안정감과 자립의 마음가짐이 조성되기 시작한다.

진실을 회피하고 싶은 마음

혼자 있는 것이 그다지도 어려운 이유는 혼자 있는 시간에 **내면으로부터 몰려오는 것들** 때문이다. 그 시간에 내게 몰려오는 건 '나 자신의 쓸모없음, 열등감, 버려진 느낌, 거부당함, 사랑받지 못한 모습'이다. 스스로에 대한 미움과 불만족, 온갖 두려움, 피할 수 없는 현실적 난관, 미해결된 과제, 비교와 시기심 등이 밀물처럼 밀려든다. 나를 덮치는 그림자다.

인간이라면 누구나 자신의 그림자와 결국 만나야 한다. 내 의식과 내 그림자가 통합될 때 온전한 내가 되기 때문이다. 하지만 인간은 대부분 그림자와의 조우를 회피한다.

"시간이 지나면 사라지겠지. 남들은 모르니까."

그래서 이들에게 중요한 것은 이 모든 걸 생각나지 않게 해주는 외부 자극과 활동, 분주함, 사람들과의 시끌벅적한 어울림이다. 강렬하고 격할수록, 포만감을 느끼게 해줄수록, 시간을 많이 잡아먹을수록 좋다. 그 자극과 활동에 취해 웃고 떠들며 가짜 만족에라도 빠지는 게 낫다. 깊은 대화나 성찰은 싫다. 그렇게 자신이 정한 기준에 따라 자만하며 살아간다. 하지만 그 대가로 그들이 맞이하는 건 깊은 밤 찾아드는 허무와 공허 그리고 불면증이다. 어떤 이는 이마저 외면하고자 술로 자신을 마비시킨다.

홀로 있음의 가치

현실이라는 방석에 온전히 앉아 고독 속에서 기도하며 성찰하지 않으면 진실한 삶은 펼쳐지지 않는다. 쾌락을 찾아 외부 자극과 활동에 빠져들고, 값비싼 레저로 하루를 채우고, 백화점을 떠돌고, 우르르 몰려다니며 음식과 술, 사람으로 시간을 채우려 할수록 목마름과 중독성은 커져만 간다.

그런 분주한 마음에 타인의 아픔에 연대하는 공감과 연민, 공동체 의식은 들어설 자리가 없다. 소중하고 따뜻한 관계를 만들수 있는 인생의 시간이 소모적으로 버려진다. 내 곁 가장 소중한 사람을 외롭게 할 수 있다. 모든 것에는 대가가 있다. 현재 내 행동의 장기적 대가를 상상하고 예측하는 능력은 삶을 품위 있게 만들어주는 관건이다. 화려하고 요란스런 자극이 넘쳐나는 환경에 휘말려 분주하고 시끄럽게 살아가는 우리에게 이제는 정신없는 착각이 아닌 분별의 마음과 건강한 상상력이 필요하다. 홀로 있는 시간에 키워지는 마음과 능력이다.

우르르 몰려다니고 인맥과 친목에 빠지고 과시하고 분출하고 소란스러운 시간을 구가하는 사이 **내면의 힘과 성찰의 능력**은 휘발된다. 나다운 삶, 깊이 있는 세상살이에 의외로 많은 수의 친구와 분주한 활동은 필요치 않다. 홀로 있음의 가치와 고독의 가치, 침묵의 가치를 되새겨보자.

자유로운
애착

애정 관계에서 많은 다툼은 구속에서 비롯된다. 연인 사이 다툼, 부부 싸움 대부분이 상대를 구속하려는 시도에서 연유한다. 지금 어디 있는 걸까? 왜 전화를 받지 않지? 왜 늦지? 회식 간 게 맞아? 온 신경이 상대의 일거수일투족에 가 있다. 그러다 결국 상대를 추궁한다. 걱정돼서 그러는 건데 상대는 집착한다며 짜증부터 낸다. 간섭하고 구속한다며 지겨워한다. 왜 의심이냐며 되레 역정이다. 연인이나 부부 관계에서 상대의 일거수일투족을 알고 싶어 하는 건 당연한 걸까? 사랑하는 사이니까 그래도 되는 걸까? 상대방을 신뢰한다면 어디에서 무엇을 하든 궁금해하지 않아야 하는 걸까?

타인과 타인으로 이뤄진 커플(연인, 부부)에게 눈에 보이지 않지만 분명히 존재하는 것이 있다. 바로 **경계**다. 어디까지가 '나'이고 어디부터가 '너'인지 각자의 영역과 경계를 인식해야 나를 지키며 상대를 침입하지 않을 수 있다. 존중할 수 있다. 하지만 애정과 의존, 서로에 대한 기대로 묶인 관계인지라 의심, 추궁, 피해의식, 비난, 싸움, 공격으로 경계는 무참히 무너진다.

버려지기 전에 독점하기

상대의 일거수일투족을 알려는 욕구의 뿌리는 불안이다. 사랑받지 못할까 봐, 버려질까 봐 불안하다. 이를 '유기 불안'이라 한다. 상대를 붙잡고만 싶다. 행적을 다 알고 싶다. 이 불안은 홀로 있을 수 있는 능력과 연관되어 있다. 앞서 서술하였듯 **홀로 있을 수 있는 능력은 고도의 정서적 안정감이다.** 홀로 있어도 공허하지 않은 상태이자 목마른 갈망에 휘둘리지 않는 상태다. 타인 없이도 마음의 고요와 평정을 누리고 타인과 함께 있는 시간에도 내 존재감을 잃지 않는 능력이다. 홀로 있을 수 없기에 틈만 나면 타인에게 간섭하고 의심하며 내 불안을 지워나간다. **홀로 있을 수 있는 능력이 곧 사랑할 수 있는 능력이다.**

상대를 구속하는 마음속 또 다른 뿌리는 소유욕이다. 자신의 결핍과 공허함을 타인으로 온통 메꾸려 한다. 집착과 소유욕이 걷잡을 수 없이 솟아오른다. '독점'을 원한다. 그에게 필요한 것은 '나만 바라보는 너'다. 상대가 나의 전부이기에 상대도 나를 '전부'로 삼아야 한다. 일거수일투족을 알아야 하는 건 당연하다. 내가 모르는 상대의 스케줄이나 행방, 즉 상대의 독자적 행동과 자유로움은 위협 그 자체다. 그들은 타인이 소유의 대상이 될 수 없으며 존중의 대상이라는 진리를 알지 못한다.

질문의 얼굴

유기 불안과 소유욕에 눌려 있는 사람의 질문은 위급하고 공격적이다. 불신이 가득하다. 꼬치꼬치 캐묻는다. 눈빛과 어투는 날카롭다. 감시 분위기에서 미끼 던지듯 건네는 질문이나 공격적 추궁은 상대에게 그나마 남아 있는 애정도 식게 만든다.

그에 반해 너와 나의 경계를 지키며 건네는 질문, 예의를 갖추고 건네는 질문, 적당한 선에서 멈추는 질문 안에는 존중이 들어 있기에 관계에 위해를 가하지 않는다. 상대가 말하고 싶어 하는 범위를 존중하며 그 상태에서 천천히 알아간다. **그들은 느긋하다.** 이 느긋함이 상대에게 더 큰 안정감을 준다.

자유로운 애착

역설적으로, 경계가 잘 세워진 너와 내가 관계를 만들어갈 때 더욱 단단한 애착이 만들어진다. 상호 존중과 편안한 신뢰도 실현된다. 씨실과 날실이 교차하며 직조된 새로운 천처럼 강하게 체결된 결속력을 보인다. 소유와 독점이 아니라 온전한 함께함이기에 나를 잃지 않으면서 나를 내어주는 게 가능하다. 내 전체를 불사를 필요가 없다. 두 사람은 상대의 자유로움을 사랑하는 것이기에 상대에게 그의 전부를 요구하지 않는다. 상대의 자유와 발전을 기뻐하고 응원한다. 상대가 내 눈에 보이지 않아도 그 마음의 중심에 내가 있음을 신뢰한다.

  각자 자유롭게 날다 두 사람만의 안식처로 돌아와 다정히 만나는 관계. 그 장소가 집이건 휴대전화 통화건 상관없다. 소유의 반대말은 무소유가 아니라 **자유로운 애착**이다.

되찾는
관계

부부 싸움 때마다 과거 얘기를 꺼내는 아내로 인해 지칠 대로 지친 남편 G씨. 작든 크든 갈등이 생겨 다투다 보면 아내는 8년 전 얘기를 또 꺼낸다. G씨의 입에서 "또 시작이네."라는 말이 튀어나오면 아내는 그 말에 격노한다. 아내는 "당신이 내게 고통 준 만큼 똑같이 느끼게 해줄 거야."라고 거침없이 말한다. 이미 수차례 거듭되고 있는 남편의 사과를 받아주지 않는다.

분노에 찬 의지

삶은 타인을 사랑하는 과정이기도 하지만 타인을 이해하고 용서하기 위해 고군분투하는 과정이기도 하다. 애착 관계 속 상처와 아픔을 회복하는 유일한 길은 화해와 용서뿐이다. 갈등 없는 관계가 아닌, 화해와 용서로 **회복되는 관계**를 우리는 **참된 관계**,

참사랑이라 한다.

그러나 분노와 실망이 쌓이고 상처가 누적된 부부는 갈등 앞에서 배우자가 나를 아프게 한 과거를 곱씹거나 과거 얘기를 계속 꺼냄으로써 배우자에게 '네 잘못'을 주입시킨다. 과거 그 자리에서 한 발짝도 움직이지 못한다. 내 안의 불행과 분노를 스스로 영속화시키는 **용서 거부**를 반복하는 것이다. 이는 '상대를 처벌하겠다.', '통제하겠다.', '교훈을 주겠다.', '상대 위에 올라서겠다.'는 분노에 찬 의지다. 상처 준 배우자를 용서하지 않는 것이, 더 나아가 몇 배 얹어 복수하는 것이 무시당한 내 존재를 다시 세우고 증명하는 길이라 믿어 의심치 않는다. 기꺼이 용서 거부자가 되는 것이다. 이것만이 승리의 길이라 믿는다.

과연 그렇게 될까? 배우자를 용서하는 것은 불가능한 것일까? 용서 거부의 끝은 무엇일까?

지혜로운 망각, 그 축복

용서의 정의를 새로 쓸 필요가 있다. 용서란 '내가 너를 용서한다', '내가 아량을 베푼다', '네 잘못을 내가 기꺼이 덮어주겠다'와 같은 도덕적 판결, 우월성 선언이 아니다. 용서란 나에게 상처를 준 사람을 더 이상 원망하지 않겠다, 그 상처를 다른 방식으로 기억하겠다는 결단이다. 지혜로운 망각과 다름없다. 분노와 억울함에 묶여 있는 나 자신을 해방으로 이끌고 자유로워지는 과정이다. 그러하기에 용서의 최대 수혜자는 바로 나 자신이다.

용서는 고난 어린 과정이다. 시간이 걸린다. 쇄신을 위해 나 자신을 재조립하는 과정일지도 모른다. 이해할 수 없는 것을 이해하고 받아들일 수 없는 것을 받아들이는 과정이 용서이기에 나의 낡은 뇌로는 불가능할지 모른다. 그러하기에 상대가 저지른 불찰을 용서하는 과정을 온전히 통과한 사람에게는 보람찬 성장의 시절이 도래하는 것일 테다.

용서를 통해 되찾다

보상에 대한 헛된 환상을 포기할 필요가 있다. 배우자가 나를 아프게 했다고 해도 그것을 똑같이 갚아줄 방법은 없다는 것을 받아들이자. 내가 받은 대로 똑같이 갚아주는 것은 복수일 뿐이다. 피해자가 복수의 마음을 갖고 가해자를 공격할 때 그 순간 피해자는 새로운 가해자가 된다. 부부 사이에 온정과 이해, 화해가 사라지고 그 자리에 긴장, 두려움, 통제, 분노, 억울함이 자리한다. 나 자신은 복수의 화신으로 전락한다. 죄수와 간수만이 남는다.

우리는 알게 모르게 관계에서 자주 복수를 행한다. 배우자에게, 자녀에게, 회사 동료에게, 식당 종업원에게, 전화 상담원에게. 말로든 행동으로든 내가 받은 걸 꼭 돌려준다. 언성을 높여, 공격적 언어로, 비아냥거리는 말로, 차가운 표정으로, 날카로운 눈빛으로, 거친 손길로, 상대가 소중히 여기는 것을 빼앗음으로 말이다. 어린 자녀가 부모의 뜻대로 행동하지 않았다고 해서 아이에게 소리를 지르거나 처벌하거나 분풀이 대상으로 삼거나 냉담히 대하는 것도 복수다. 많은 부모가 교육과 복수를 구별하지 못한다. 상황이나 자녀의 연령에 맞지 않게 어린 자녀를 혼내고 으름장 놓으며 통제하는 것("너 자꾸 이러면 엄마가 여기에 너 버리고 갈 거야!")도 권력을 쥔 부모의 복수에 불과하다.

부부 불화의 해소, 진정한 회복과 재생이란 용서를 통해 **배우자를 되찾는다**는 의미다. 배우자가 내게 던진 무관심, 분노, 실망, 공격, 아픔, 불찰, 배신을 충분히 슬퍼한 후 배우자가 내게 주었던 사랑과 신의, 나를 위한 배우자의 희생과 헌신을 떠올려 보자. 이 모두를 배우자와 허심탄회하게 이야기하고 서서히 녹여내는 것, 이것이 어른의 용서다.

용서 그 이후

- 용서와 화해를 동일시하지 말자. 용서는 용서고, 화해는 완전히 다른 라운드다. 용서했다고 해서 상대와 조화롭게 혹은 친하게 잘 지내야 하는 것은 아니다.
- 의외로 용서의 과정을 통과한 관계가 전처럼 돌아가기 어려운 경우가 많다. 이를 있는 그대로 인정하자. 용서했다 하여도 전과 같이 될 수 없다. 괜찮다. 나도 변했고 상대도 변했고 경험이 쌓였기 때문이다. 현재는 현재로서 괜찮다.
- 용서라는 결단을 내렸다면, 이제 상대와의 과거 일은 더 이상 입 밖으로 내지 않는다. 상대와는 현재 이야기만 나누도

록 한다.

- 상대를 계속 봐야 하는데 어색함이 큰 상태라면 옆집 아주머니나 이웃집 아저씨 대하듯 행동하는 것도 나쁘지 않다. **가깝지도, 멀지도 않은 관계**로 회복의 모양을 잡는 것도 나쁘지 않다.

용서의
마음

강의나 글쓰기 상황 등 특수 상황에서야 어쩔 수 없지만 평상시 대화할 때 쓰지 않는 어휘가 있다. 나는 '오해'와 '양보'란 단어를 쓰지 않는다. '용서'라는 단어도 마찬가지다. 하지만 **용서의 마음**에 대해서는 늘 생각한다. 나도 용서받고 싶은 나약한 인간이고 타인도 그럴 테니 말이다.

용서는 어렵다. 용서는 고사하고 따뜻하고 깊은 이해, 다정하고 친절한 관계를 유지하는 것도 어렵다. 지난 시간을 더듬어 보면 어렸을 때 부모가 나를 너그러이 용서해 준 기억, 내게 상처받은 친구가 나를 용서한 기억, 배우자가 나를 용서한 기억, 어린 자녀가 선한 본성으로 미숙한 엄마를 무조건으로 용서한 기억들이 떠오른다. 나는 타인에게 엄청난 용서를 받은 인간이다. 사랑을 받은 것이다.

용서받음과 사랑받음

긴 세월 많은 이에게 용서받은 기억이 쌓여갈 때 인간은 이해받고 사랑받는다고 느낀다. 인간이 인간을 사랑하고 있다는 것을 용서받음을 통해 느끼는 것보다 강력한 경험은 없을 것이다. 그러면서 생각해 본다. 나는 과연 그런 용서와 사랑을 가까운 이에게 돌려주고 있을까? 내 안에 용서의 마음이 있기는 한 걸까?

용서는 어렵지만 불가능한 게 아니다. 거창한 것도 아니다. 용서란 말을 입 밖으로 뱉으며 용서할 필요도 없다. 용서의 마음이 있다면 그 마음은 생활 속 구체적 행동으로 드러난다. 당신의 불찰과 부조리에 화내지 않고 참아내는 남편, 당신이 마음을 아프게 했는데도 당신을 위해 아침상을 차리는 아내, 야단맞았음에도 얼마 후 다정하게 다가오는 자녀, 속상하게 해드렸는데 웃으며 전화 받으시는 부모님. 일상 속 너그러움, 나를 용서한 타인의 관대함과 이해는 분명한 공기로 당신에게 체감된다. 당신이 이해와 사랑을 받는 순간인 것이다. 상대의 너그러움과 용서는 수혜자를 뭉클하게 한다.

우리는 작든 크든 실수와 오류를 반복하는 인간일 뿐이고 가까운 이에게 상처와 아픔, 실망을 던지는 무심한 존재다. 거꾸로 타인에 둘러싸여 원치 않는 타격을 받기도 한다. 그래서 우리에겐 이해와 용서가 필요하다. 대상관계의 맥락에서 **안아주고 버텨줌**holding, **담아주고 간직함**containing이 절실한 생명체다. 용서받음으로 사랑받음이 우리의 생명줄이다.

품위 있는 회복

용서는 도덕적 우월함이 아니다. 착함의 영역도 아니다. 착해서 용서하는 게 아니다. 용서는 관계 회복을 위한 품위 있는 생존의 수단이자 재생을 위한 필수 불가결의 선택이다. 그 선택이 나의 쇄신을 가져다주고 거듭남마저 선사한다. 타인을 용서하는 것은 나와 삶을 용서하는 것이기도 하다. 깊이 있는 용서, 너그러움과 관대함으로 일상을 다듬어갈 때 삶은 더욱 다정해진다.

다침, 상흔, 마음 상함이 발생할 수밖에 없는 무심한 우주에서 품위 있는 회복과 재생을 저절로 가져다주는 비법은 없다. 정석대로 가자. '무조건, 즉각 용서해라.'와 같은 기계적 의미가 아니다. '내가 너를 용서하는 거야. 진짜 이번만 봐준다.'와 같은 용서 권력과 비뚤어진 선심을 폐기하자. 부디 용서의 행위 말고 **용서의 마음**에 대해 생각하자.

어떤 사안이나 인물에 대해 도저히 용서가 불가능한 사람은 그 나름의 이유가 있을 것이다. 뼈아픈 역사가 있을 것이다. 그 이유와 역사에 먼저 다가갈 필요가 있다. 한 단계씩 나눠 생각할 필요가 있다. 내적 작업을 미루지 말자.

"아는 척하고 혹평하는 사람이 아니라
사랑하고 인내하며 용서할 줄 아는 사람이 늘 승리했다."
— 헤르만 헤세

광야에
서다

"선생님, 얼마 전부터 저는 광야에 내던져진 느낌으로 살고 있어요. 근데 이게 끝나질 않습니다. 도저히 답을 찾을 수가 없어요. 한다고 하는데 뚜렷한 성과도 없고, 가도 가도 끝이 없네요. 일이 다 어중간하게 되고 있어요. 되지 않는 것도 아니고 되는 것도 아니고 애매모호해요. 정말 답을 아는 누군가가 나타나 '이리 가!', '저리 가!' 해주면 좋겠다는 어리광을 혼자 부리는데, 이젠 지치네요. 점점 부모님과 친구들 만나는 게 어려워요. 그들은 저를 전혀 불편하게 하지 않지만 저 스스로 마음의 문을 닫고 피해버리게 되는 것 같아요. 그들에게 혹여 제 말이 하소연으로 들릴까 봐, 저의 위축된 모습이 부담으로 느껴질까 봐 염려됩니다. 저를 아끼는 사람들이니 저를 보고 마음 아파할 수도 있고…. 오늘 상담받으러 오는 길도 힘겨웠지만 선생님을 만나면 이 광야 길이

하루라도 빨리 끝나지 않을까 해서 어렵사리 왔어요. 제가 광야
에 내동댕이쳐진 존재는 아니겠죠?"

내담자 M. 사회인으로 성실히 정진하고 있지만 그 여로에서
난관에 봉착할 때면, 어쩔 수 없이, 참았던 힘겨움과 외로움이 터
지며 고뇌에 빠진다. M의 인생길에 새겨진 긴 수고와 꿋꿋한 인
내. 쉽지 않지만 나다움을 찾아가는 중인 M. 그런 M이 오늘 광
야를 말한다.

M이 돌아간 후 나는 곰곰이 생각에 잠겼다. 광야에 내동댕이
쳐진 존재…. M만 그러한가? M은 혼자일까? 지금 M은 잘못 가
고 있는 걸까? 지금 이게 끝일까? M과 나를 포함하여 우리 모두
의 인생은 광야 그 자체가 아닐까? 끝이 보이지 않는 광야. 광야
길과 또 다른 광야 길의 연속이 삶의 본모습은 아닐까?

광야에서 만나는 진짜 나

인간은 아무것도 할 수 없을 때 가장 힘들다. 아무것도 할 수
없다는 무력감은 인간이 가장 피하고 싶어 하는 감정일지도 모른
다. 그래서 우리는 아무것도 할 수 없는 무력한 현실을 부인하고
조급히 가짜 희망 혹은 미봉책이라도 찾으려 한다. 그러나 역설
적으로 인간은 아무것도 할 수 없는 '그곳'에서 비로소 새로운 것
을 행하게 된다. 할 수 있는 게 아무것도 없는 '그곳'의 황량함을
있는 그대로 인정하고 받아들일 때 내 안에 잠자고 있던 **잠재력**

이 깨어나기 시작한다. 내 진면목이 나타나고 나만의 순수한 힘이 끌어 올려지는 것이다. 우리는 광야에 내던져졌을 때 가장 귀한 사람을 만난다. 바로 내가 나를 만난다. 나는 이를 **내적 작업**이라 명한다. 내적 작업의 시작은 늘 광야다.

바야흐로 마음의 시대가 도래하였다. 늦은 감이 없지 않으나 반갑기 그지없다. 인간에게 가장 중요한 것은 마음의 힘이기 때문이다. 마음의 힘은 예측 불가능한 세상을 살아가는 중심축이자 인간이 인간다울 수 있는 근본 조건이다. 정신과 마음을 갖고 있는 인간은 그 힘을 연마할 수밖에 없는 숙명을 타고난 존재다. 어떻게 하면 마음의 힘이 증진되는가? 내가 내 마음을 들여다보는 것, 즉 내적 작업을 하루도 거르지 않고 행하는 것밖에는 다른 길이 없다. **내 마음에서 울려 나오는 내 목소리를 듣는 것**이 삶에서 가장 가치 있는 일이라고 나는 믿고 있다. 내가 마음속 내 목소리를 들을 때 그것은 **자기**self가 된다.

내적 작업, 다시 말해 내가 나를 만나는 일, 내가 나와 대화하는 일, 내가 과거의 나를 의미 있게 복기하는 일은 광야에서만 일어난다. 광야에서 펼쳐지는 내적 작업만이 마음의 힘을 일깨우고 길러준다. 인간은 행복하고 즐거울 때 내적 작업을 하지 않는다. 그럴 필요가 없기 때문이다. 외부로부터 이미 너무나 좋은 것들이 끊임없이 공급되고 있을 때 인간은 자기를 발견하거나 성장하려는 욕구를 느끼지 못한다. 반면 광야에서 방향을 잃고 아무것도 할 수 없다고 느낄 때, 손과 발이 묶였을 때 내면을 바라보기 시작한다. 그러면서 자문한다.

지금까지 나는 어떻게 살아왔는가? 내가 왜 지금 여기에 있는가? 무엇을 바라보며 살고 있는가? 앞으로 어떻게 살아야 하는가? 나는 어떤 이유로 그런 행동을 하였는가? 어떤 이유로 그렇게 행동하지 못하는가? 지금까지 무엇을 얻고 무엇을 빼앗겼는가? 내 존재는 무엇을 위해 살아가고 있는가?

이런 질문들을 통해 생각의 힘을 키우고, 몰랐던 것을 새로이 배운다. 이 질문들에 꼭 답을 찾을 필요는 없다. 답을 향해 가는 길 자체만으로도 이롭다. 그 길에서 나는 내 인생의 철학자가 되기 때문이다. 광야에서 그렇게 존재는 연마되고 강해진다. 길 위에서의 이 행위가 그 어떤 행위보다 가치 있는 일이라는 것을 신뢰하기 바란다.

불확실성과 애매모호함을 견디는 능력

인생이 어려운 이유는 그 어디에도 보증이 없어서다. 인생의 골목길 어디에도 우회전해라, 좌회전해라, 멈춰라 알려주는 사람이 없음을 우리는 안다. 명확한 정보, 유일한 기준도 없고 완벽한 선택도 없다. 우리가 아무리 올바른 기준을 세우고 정상적으로 달린다 해도 완전히 보장된 미래는 없다. 부분적으로 성공하여 원하는 것을 얻더라도 그것이 그다음 성취를 보장해 주지 않는다. 이 불안을 소멸시키기 위해 점을 보러 다니고 인터넷에서 정보를 찾느라 혈안이 된다.

불확실성과 애매모호함을 겸허히 받아들이고 인내하는 능력을 연마한 자만이 자신의 목소리를 들으며 인생을 살아갈 수 있다. 믿음을 가질 수 있다. 공들인 시간의 축적, 수많은 시행착오, 삶에 대한 희망과 건강한 낙관을 가진 자만이 애매모호함을 견딜 수 있다. 광야에서 외풍을 맞으며 내적 작업을 수행한 자만이 애매모호함을 견디는 능력을 장착한다.

광야는 미리 안다고 더 잘 갈 수 있는 길이 아니다. 불확실하기에 겸허히 살아갈 수 있고 나를 던져볼 수도 있고 무에서 유를 만들 수도 있다. 불확실하기에 도전이 가능하다. 나에 대한 믿음, 타인에 대한 믿음, 세상에 대한 희망을 가지고 떠나는 광야는 어찌 보면 우리가 모르기에 떠날 수 있는 것은 아닐까? 광야에서 만나는 위기와 고난을 극복하고 배우고 깨달을 때 비로소 내가 확장되고 새로운 세계가 창조되는 것이 아닐까?

알고 가는 광야가 아닌 믿고 가는 광야. 그런 광야를 통과할 때 우리는 심리학에서 말하는 성숙의 지표, 즉 **애매모호함을 견디는 능력**ambiguity tolerance을 성취할 수 있는 게 아닐까? 뿌연 안개 속 미래에 맞서는 힘은 지식과 정보, 돈이 아니라 인내와 용기, 희망 그리고 믿음이다.

광야의 끝자락에서 우리가 깨닫는 것

광야의 끝은 있는 것일까? 광야의 끝자락에 가면 무엇을 보게 될까? 광야의 끝을 어떻게 알아차릴 수 있을까?

　광야의 끝자락에서 나는 의외의 것을 배웠다. 광야에서 도망가지 않고 고군분투했을 때 광야의 행진이 온전히 마무리된다는 것을 배웠다. 내가 도달한 그곳은 정상이 아니라 **안식처**였다. 정상에 섰을 때 광야가 끝나는 게 아니라 안식처에 도달하여 안식할 때 광야는 온전히 마무리된다. 안식처에는 나를 사랑으로 맞아주는 사람들이 있다. 지금 이대로의 나를 쉬게 해주는 가까운 사람들, 그 다정한 사랑이 안식처에서 내가 깨달은 진실이다.

　현대사회는 불안의 시대, 중독의 시대다. 안식은 없다. 오직 자신의 영광을 위해 달릴 뿐이다. 인간에게 안식이 얼마나 중요한지 깨닫지 못함은 불행이다. 긴장한 만큼 이완이, 달린 만큼 쉼이, 불안했던 만큼 안정이 어떻게 균형을 이뤄가야 하는지 그 중요성을 간과한다. 안식처, 그 동산이 인간을 살게 하는 핵심 장소라는 것을 더 늦기 전에 배워야 하지 않을까? 고생했어, 수고했어, 애썼어, 모든 게 괜찮아. 안식처에서 내가 받은 것은 **무조건적인 사랑과 다정한 보살핌**이었다.

　광야에서 맞은 외풍으로 외롭고 고된 우리. 배도 고프고 마음도 헐었다. 하지만 인생은 광야로만 이뤄져 있지 않다. 광야를 가로지르고 건너가 뜻밖에 만나는 안식처에서 우리는 인간성과 인간애가 무엇인지 깨닫게 되고 삶의 균형감각을 갖추게 된다. 나는 "고생 끝에 낙이 온다."는 옛말에서 이 '낙'의 진정한 의미는 기쁜 안식이라고 말하고 싶다. 부디 거기에 도달할 때까지 우리 내면에 건강하고 담대한 내비게이션이 존재하길, 그 내비게이션의 인도를 고요히 경청하길, 믿음과 용기와 희망으로 광야를 끌어안고 행진하길 바랄 뿐이다. 광야에 대한 우리의 태도가 삶의 경로와 질, 품격을 결정한다.

인생은
축제와 같은 것

인생의 본질이 광야라면 인생은 전부 광야뿐인가? 인생은 축제다. 살 만한 세상인 것이다. 뜻밖에 만나는 축제와 같은 순간이 찰나에 그칠지라도 그것은 진실로 가치 있다.

인생을 꼭 이해할 필요는 없다
인생은 축제와 같은 것
하루하루 일어나는 그대로 살아가라
바람이 불 때 흩어지는 꽃잎을 줍는 아이들은
그 꽃잎을 모아둘 생각은 하지 않는다
꽃잎을 줍는 순간을 즐기고
그 순간에 만족하면 그뿐
— 라이너 마리아 릴케, 〈인생을 꼭 이해할 필요는 없다〉

인생이 축제와 같음은 예측 불가능하기 때문이다. 그런 까닭에 더 큰 기쁨이 있다. 뜻밖의 감동과 즐거움, 환희가 있다. 그때그때 기쁨과 감동, 즐거움, 환희를 느낄 수 있다면 그게 바로 일상 속 축제의 순간이 아닐까? 가족들과 즐겁게 대화 나누며 크게 웃는 순간, 배우자와 산책하며 발견한 아름다운 나무, 달리기, 시원한 바람, 계절의 변화, 책을 완독한 순간, 생일 축하 인사, 길에서 우연히 만난 친구, 자녀가 들려주는 신나는 이야기…. 지금 여기에서 벌어진 일에 온전히 집중할 수 있다면 이게 바로 축제 아닐까?

축제를 위한 준비

일상의 순간순간을 축제처럼 즐기기 위해 갖추어야 할 마음가짐은 무엇일까?

- **흘러가게 내버려둘 것**: 과거에 붙들리지 말자. 이미 지나간 일과 더 이상 씨름하지 말자. 지나간 일, 두고 떠나자. 과거 그 일이 당신에게 정말로 중요한 일이라면 미래 어느 시점에 '그 일'을 보상하고 만회할 수 있는 계기가 오기 마련이다. 전화위복이 발생할지 모른다.
- **쾌락보다 기쁨**: 즉각적인 만족을 주는 쾌락, 소비성·소모성 즐거움, 지나친 재미는 중독을 일으킨다. 잔잔한 기쁨, 보람찬 기쁨, 소중한 타인과 양지에서 햇살 받으며 건강하게 웃

을 수 있는 기쁨을 추구하자.

- **소유보다 감상**: 내가 가지지 못한 것에 집중하지 말자. 옷, 물건, 집, 돈, 젊음, 재능, 직업, 미모, 아름다움 그리고 사람. 내게 없는 것을 소유하려 하고 부러워하고 시기하는 데 에너지를 쏟지 말자. 이미 가지고 있는 것들을 되돌아보자. 물건이 없는 게 아니라 내가 정서적으로 허기진 것이다. 탁월한 재능을 지닌 타인의 성취와 성과를 온전히 감상하자. 감탄하며 즐거이 누리자. 감상이야말로 소유를 대체하고 승화시키는 성숙한 방식이자 태도다.
- **평가보다 관조**: 평가하지 말자. 단언과 판단을 보류하자. 관찰하고 관망하며 즐기자. 무엇인가를 말하고 싶다면 개방적으로 질문하자.

이런 마음가짐을 가질 수 있다면 인생은 축제다.

> "조용한 시골, 친절을 기대하지 않는 주민들에게
> 선을 베풀며 산다.
> 그리고 의미가 조금이라도 부여된 일을 한다.
> 나머지는 휴식, 자연, 책과 음악
> 그리고 이웃에 대한 사랑으로 사는 것,
> 그것이 내가 생각하는 행복이다."
> ——톨스토이

다정함이
인격이다

초판 1쇄 인쇄 2025년 1월 22일
초판 1쇄 발행 2025년 2월 3일

지은이 | 김선희
펴낸이 | 한순 이희섭
펴낸곳 | (주)도서출판 나무생각
편집 | 양미애 백모란
디자인 | 함지은 박민선
마케팅 | 이재석
출판등록 | 1999년 8월 19일 제1999-000112호
주소 | 서울특별시 마포구 월드컵로 70-4(서교동) 1F
전화 | 02) 334-3339, 3308, 3361
팩스 | 02) 334-3318
이메일 | book@namubook.co.kr
홈페이지 | www.namubook.co.kr
블로그 | blog.naver.com/tree3339

ISBN 979-11-6218-339-7 03180